Inhaltsverzeichnis

Anhang

Vorwort

Das Fach Haushalt und Ernährung gliedert sich in die folgenden Lernbereiche:

▶ Planung und Organisation eines Haushalts

▶ Vollwertige Ernährung

▶ Nahrungszubereitung und Präsentation

▶ Ess- und Tischkultur

In diesem Schuljahr erhaltet ihr einen Einblick in die vielfältigen Aufgaben, die im Haushalt bewältigt werden müssen. Ihr werdet so auch erfahren, wie man durch eine überlegte Haushaltsführung die Umwelt schonen kann.

Eine vollwertige und bedarfsgerechte Ernährung zählt zu den Grundvoraussetzungen für eure Gesundheit und körperliche und geistige Leistungsfähigkeit.

Bei der gemeinsamen Zubereitung und Einnahme von Speisen und Getränken erhaltet ihr gleichzeitig wichtige Informationen über den Zusammenhang zwischen Ernährung und Gesundheit.

Bewusste Ernährung heißt auch, die zubereiteten Speisen am ansprechend gedeckten Tisch gemeinsam zu genießen.

Das Buch gibt euch schließlich einige Anregungen für die Gestaltung von Projekten zu den verschiedenen Lernbereichen. Weitere Handlungsideen sind im Inhaltsverzeichnis und auf den Buchseiten mit einem „M" gekennzeichnet.

Viel Freude beim Lernen wünscht

Cornelia A. Schlieper

Frühjahr 2008

1 Planung und Organisation eines Haushalts

Am Ende dieses Schuljahrs sollt ihr über folgendes Grundwissen verfügen:

- rationelle Arbeitsorganisation durchführen
- Unfallgefahren und Unfallschutz kennen
- wesentliche Erste-Hilfe-Maßnahmen kennen
- ökologische Vorgehensweisen beachten
- umweltschonendes Arbeiten durchführen

1.1 Organisation eines privaten Haushalts

Hausarbeit im Team erledigen

1. Nenne anhand der Abbildungen auf S. 7 Berufe, die im privaten Haushalt Einsatz finden.

2. Was sollte bei Familie Hauser verändert werden, damit das Zusammenleben harmonischer verläuft?

3. Im Haushalt von Familie Hauser gibt es viele Aufgaben zu erledigen. Alle sollten mithelfen.

   a) Nenne Aufgaben, die bei Familie Hauser erledigt werden müssen.

   b) Welche Aufgaben könnten Katharina und Andreas übernehmen?

   c) Welche Aufgaben kann Herr Hauser übernehmen?

   d) Welche Aufgaben kann Frau Hauser übernehmen?

4. Übertrage die folgende Tabelle in dein Heft.
   Erstelle einen Tagesplan für Familie Hauser.
   Beachte dabei Beruf/Schule, Hausarbeit und Freizeit.

Tagesplan – Familie Hauser

Uhr-zeit	Katharina	Andreas	Herr Hauser	Frau Hauser
bis 7.15	?	?	?	?
12.45 bis 14.00	?	?	?	?
14.00 bis 18.00	?	?	?	?
ab 18.00	?	?	?	?

Kein ungewöhnlicher Tag bei Familie Hauser

Morgens kurz vor sechs Uhr
Frau Hauser steht auf und geht leise ins Bad und bereitet dann das Frühstück zu. Inzwischen ist auch Herr Hauser aufgestanden. Er kommt um 6.30 Uhr aus dem Bad, geht in die Küche, setzt sich an den Frühstückstisch und liest Zeitung.

Frau Hauser weckt die beiden Kinder Katharina und Andreas, deren Unterricht um 7.40 Uhr beginnt. Es ist bereits 6.45 Uhr, Frau Hauser frühstückt mit ihrem Mann. Katharina und Andreas liegen noch in den Federn. Frau Hauser ruft sie bereits zum dritten Mal: „Aufstehen – ihr kommt sonst zu spät zur Schule." Endlich geht Katharina ins Bad, Andreas folgt kurze Zeit später.

Schließlich erscheint Katharina in der Küche und meckert über das Frühstück: „Schon wieder Erdbeerkonfitüre …, ich habe keinen Hunger." Katharina geht in ihr Zimmer, um ihre Schulsachen zu packen. Sie findet den Atlas nicht, ebenso fehlt ein Turnschuh.

Andreas schlingt das Frühstücksbrot herunter. Inzwischen ist es 7.10 Uhr. Katharina und Andreas rennen zum Bus. Andreas weiß nicht, ob er alle Schulsachen eingepackt hat, er hatte keine Zeit nachzusehen.

Herr Hauser hat um 7.00 Uhr das Haus verlassen, um ins Büro zu gehen. Er wird um 17.00 Uhr zurückkommen. Frau Hauser verlässt um 7.15 Uhr das Haus. Sie arbeitet halbtags als Arzthelferin. Gegen 12.45 Uhr wird sie wieder zu Hause sein.

Zurück bleibt ein unordentlicher Frühstückstisch, ein übervoller Mülleimer, ein Badezimmer mit herumliegenden Handtüchern, Zahnbürsten usw. In Katharinas Zimmer sieht es chaotisch aus. Beim Suchen ihres Turnschuhs hat sie einiges aus den Schränken und Regalen auf den Fußboden geworfen. In Andreas Zimmer sieht es auch nicht viel besser aus.

Mittags um 12.45 Uhr

Nach einem anstrengenden Morgen in der Arztpraxis kommt Frau Hauser nach Hause. Was soll sie jetzt schnell kochen? Sie findet in den Vorräten nichts Geeignetes für das Mittagessen. Sie macht sich nochmals auf den Weg, um die notwendigen Lebensmittel für das Mittagessen zu kaufen. Um 13.15 Uhr kommt sie abgehetzt heim und beginnt mit der Zubereitung des Mittagessens.

Es ist 13.30 Uhr

Katharina und Andreas kommen aus der Schule zurück. Sie murren, weil das Essen noch nicht fertig ist, und verziehen sich in ihre Zimmer. Andreas legt sich auf sein Bett und hört eine CD. Katharina mag diese Musik nicht, die sie aufgrund der Lautstärke auch in ihrem Zimmer hört. Katharina legt ebenfalls eine CD in den CD-Player und dreht voll auf, um Andreas Musik zu übertönen. Türen knallen.

Es ist 14.00 Uhr

Das Essen ist fertig. Frau Hauser, Katharina und Andreas sitzen am Mittagstisch. Andreas erklärt, dass er heute um 16.00 Uhr ein Treffen mit seinem Freund in der Nachbarstadt vereinbart hat: „Da musst du mich hinfahren und abends wieder abholen", erwähnt er nebenbei.

Katharina hat um 18.00 Uhr Tennis-unterricht. Sie will ebenfalls von ihrer Mutter gefahren und nach einer Stunde wieder abgeholt werden.

Frau Hauser überlegt, wie sie das heute alles schaffen kann. Sie muss noch einkaufen, die Wohnung in Ordnung bringen, Wäsche waschen und bügeln, die Hausaufgaben nachsehen, ... und eigentlich wollte sie bei ihrer Freundin einen Krankenbesuch machen und abends mit ihrem Mann einen Vortrag besuchen.

Ob daraus etwas wird?

Ist das wirklich auch in Zukunft kein ungewöhnlicher Tag bei Familie Hauser?

Speisenzubereitung im Team erledigen

Mit einem Ämterplan geht alles leichter.

1. Lies die unten aufgeführten Ordnungsaufgaben.

2. Erstellt einen Ämterplan für die Speisenzubereitung, z. B. Spülamt, Abtrockenamt, Herdamt und Bodenamt, Ordnungsamt.

3. Bei der Erledigung einer Aufgabe, z. B. Geschirr einräumen und kontrollieren, gibt es immer wieder Schwierigkeiten.
Wie können diese gelöst werden?

Auskommen mit dem Einkommen

Herr Meier: „Hallo, ihr beiden, habt ihr Lust, am Donnerstagabend mit mir zu einem EDV-Vortrag zu gehen?"

Herr Vogel: „Hört sich interessant an, geht bei mir aber leider nicht. Die häuslichen Verpflichtungen ... Meine Frau besucht einen VHS-Kurs, und in der Schule hat unsere Jüngste Elternabend. Da bin ich gefordert."

Herr Schäufele: „Donnerstag? Ach du liebe Zeit! Dazu habe ich bestimmt keine Energie mehr! Seit ich Hausmann bin, stecke ich voll im Stress! Morgens Großeinkauf, danach mit der Schwiegermutter zum Arzt, mittags mit unserem Jüngsten zur Cellostunde und anschließend in den Garten – die Bohnen sind reif. Bis ich die abends zusammen mit meiner Frau eingefroren habe ..."

Herr Meier: „Das hast du von deinem Gesundheitstick! Ich hole mir die Bohnen tiefgekühlt im Supermarkt oder gehe gleich mit meiner Frau zum Essen – da spare ich mir Stress mit der Hausarbeit."

Herr Vogel: „Ihr seid ja auch beide erwerbstätig, da könnt ihr euch den Luxus leisten, und wenn ihr nicht einmal mehr Lust habt zum Essengehen, dann bestellt ihr den Pizzadienst."

Herr Meier: „Wenn ich es mir richtig überlege, ..."

Auskommen mit dem Einkommen

Ein grundlegendes Haushaltsziel ist das leibliche und seelische Wohlbefinden aller im Haushalt lebenden Personen. Eine wichtige Voraussetzung hierfür ist wirtschaftliche Sicherheit. Nur wenn ein ausreichendes Einkommen vorhanden ist, sind das „Dach über dem Kopf" sowie die Versorgung mit Nahrung, Kleidung und anderen für die Lebensführung benötigten Gütern gewährleistet.

Durch einen angemessenen Einsatz der **Betriebsmittel Geld, Arbeitskraft und Sachmittel** ist ein Auskommen mit dem Einkommen auch bei Einkommensrückgang möglich.

Arbeit wird verstärkt benötigt bei Einkommensrückgang oder dem Wunsch nach besserem Umweltschutz für die Herstellung einer möglichst preiswerten, schadstofffreien und naturbelassenen Nahrung – ohne aufwendige Verpackung und Zusatzstoffe.

Geld wird verstärkt benötigt bei dem Wunsch nach Arbeitszeiteinsparung oder lückenhaften Fachkenntnissen und fehlender Geschicklichkeit.

Sachmittel: Es entstehen Kosten für die Anschaffung und den Betrieb der Sachmittel, z. B. Anschaffung eines Mikrowellengerätes oder Kauf von Fertigprodukten, z. B. Fertiggerichten.

Vergabe von Arbeiten an Dienstleistungsunternehmen, z. B. Geburtstagsfeier im Restaurant oder Vergabe der Wäsche an eine Wäscherei.

1. Lies das nebenstehende Gespräch. Was tun die verschiedenen Personen, damit sie mit ihrem Einkommen auskommen?

2. Was kannst du tun, damit du mit deinem Taschengeld auskommst?

Rollenspiel –
Aufteilung der Hausarbeit

1. Lest die Rollenkarten.

2. Sammelt in Gruppen Argumente für Christel und Marius.

3. Führt das Rollenspiel durch, notiert die Argumente von Christel und Marius.

4. Beschreibt: Wie haben die Spieler ihre Rolle dargestellt?

5. Diskutiert die Lösung, die die Spieler gefunden haben.

6. Sucht weitere Lösungsmöglichkeiten für Christel und Marius.

7. Diskutiert das Ergebnis einer Umfrage: „Für Väter zählt der Beruf – kaum einer will Hausmann sein."

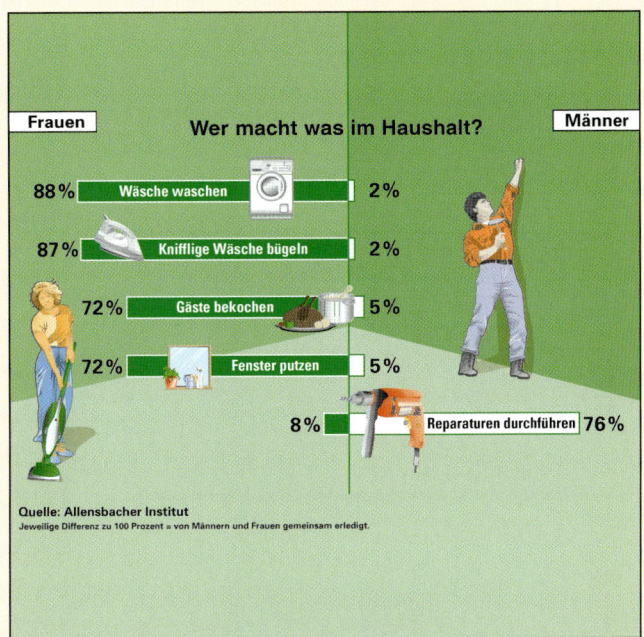

Wer macht was im Haushalt?

Frauen		Männer
88%	Wäsche waschen	2%
87%	Knifflige Wäsche bügeln	2%
72%	Gäste bekochen	5%
72%	Fenster putzen	5%
8%	Reparaturen durchführen	76%

Quelle: Allensbacher Institut
Jeweilige Differenz zu 100 Prozent = von Männern und Frauen gemeinsam erledigt.

Rollenkarte – Christel

Beruf: Erzieherin.

Aufgaben im Beruf: Betreuung einer Hortgruppe.

Arbeitszeit: 8.00 bis 16.00 Uhr, 30 Minuten Heimweg.

Danach: Erledigung des Haushalts, Waschen, Staubsaugen, Kochen usw. Oft muss sie auch das Wochenende opfern, da sie nicht alles während der Woche schafft.

Hobbys: Sie findet einfach keine Zeit für Sport oder Ähnliches. Am Wochenende sieht sie meist Marius beim Fußballspielen zu.

Erziehung: Sie hat früh gelernt, die Aufgaben im Haushalt zu erledigen, da ihre Mutter berufstätig war.

Du forderst von Marius, dass er im Haushalt mithelfen soll. Finde Argumente, die ihn überzeugen und ihn von seinem jetzigen Verhalten abbringen.

Rollenkarte – Marius

Beruf: Ausbildung zum Polizisten.

Aufgaben im Beruf: Wechsel zwischen körperlicher und geistiger Arbeit – Märsche …, aber auch viel Schulung.

Arbeitszeit: 7.00 bis 16.30 Uhr, Heimfahrt 1 Stunde.

Hobbys: Fußball – Training Dienstag und Donnerstag, Spiele im Verein am Samstag oder Sonntag.

Erziehung: „Muttersöhnchen" – brauchte zu Hause keine „Hausfrauenarbeit" zu verrichten.

Du siehst es nicht ein, dass es notwendig ist, im Haushalt zu helfen. Du bist der Ansicht, Hausarbeit ist Frauenarbeit. Du versuchst dich den Forderungen von Christel zu entziehen und erfindest die verschiedensten Argumente, die Christel zeigen, dass du wirklich nicht mithelfen kannst.

Umweltschutz

1. Beschreibe die Vorgänge auf den einzelnen Abbildungen.

2. Ordne Merksätze den Abbildungen zu.

3. Notiere die Beschreibungen und die Merksätze im Heft.

4. Berechne mithilfe der Abbildung, wie viel Liter Wasser eine Person täglich verbraucht.

5. Wie viel Liter Wasser werden täglich zum Essen und Trinken verwendet?

Umweltbewusster Umgang mit dem Trinkwasser (vgl. auch S. 44)

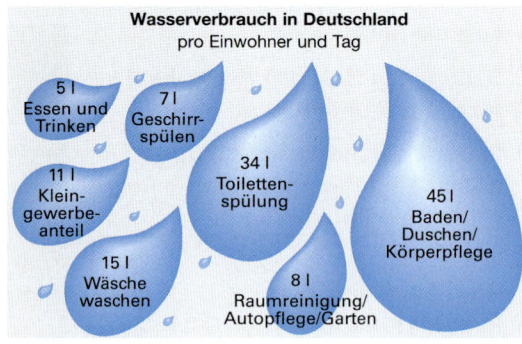

Wasserverbrauch in Deutschland
pro Einwohner und Tag

5 l Essen und Trinken
7 l Geschirr-spülen
11 l Klein-gewerbe-anteil
34 l Toiletten-spülung
45 l Baden/ Duschen/ Körperpflege
15 l Wäsche waschen
8 l Raumreinigung/ Autopflege/Garten

- **Waschmittel und Reinigungsmittel genau dosieren – sparsam verwenden.**
- **Speisereste und Abfälle nicht in die Toilette schütten – sie gehören nicht in das Abwasser.**
- **Wasserhähne nach der Benutzung richtig schließen.**
- **Öfter duschen statt baden.**
- **Fettreste und Ölreste gehören nicht in das Abwasser.**
- **Zimmerpflanzen und Balkonblumen können auch mit Regenwasser gegossen werden.**
- **Waschmaschinen und Geschirrspülmaschinen nur einschalten, wenn sie voll beladen sind.**
- **Lebensmittel möglichst in stehendem Wasser und nicht unter laufendem Wasserhahn waschen.**

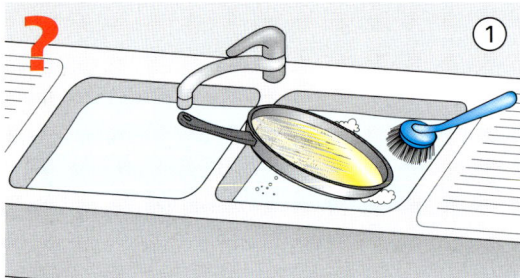

①

②

③

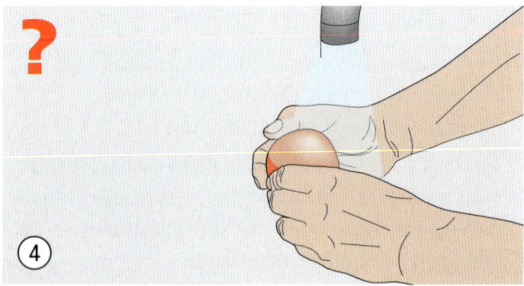

④

Umweltbewusster Umgang mit Energie – Strom

- Schocklüften, Fenster im Winter kurz und weit öffnen.

- Heizkörper regelmäßig feucht reinigen. Staubige Heizkörper haben eine schlechtere Wärmeabgabe.

- Energiesparlampen statt Glühbirnen benutzen.

- Mit Topfdeckel garen, die Hitze kann nicht aus dem Topf entweichen.

- Kochplatten rechtzeitig zurückschalten, die Restwärme ausnutzen.

- Der Dampfdrucktopf spart Energie.

- Auf die richtige Topfgröße achten, bei zu großen oder zu kleinen Töpfen geht Energie verloren.

- Generell im geschlossenen Topf garen.

- Gefrierschrank rechtzeitig abtauen, Eis erhöht den Energieverbrauch.

- Türen von Kühlgeräten und Gefriergeräten nie länger offen stehen lassen.

- Speisen nur abgekühlt und in verschlossenen Behältern in Kühlgeräte oder Gefriergeräte geben.

- Beim Kauf von elektrischen Geräten auf den Stromverbrauch – das Energielabel – achten.

1. Beschreibe die Vorgänge auf den einzelnen Abbildungen.

2. Ordne Merksätze den Abbildungen zu.

3. Notiere die Beschreibungen und die Merksätze im Heft.

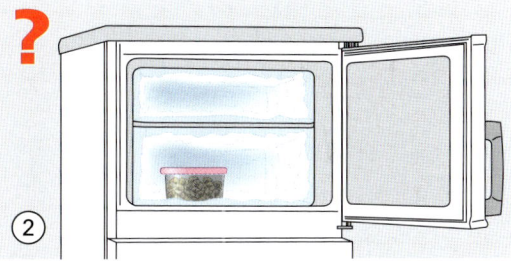

Was kostet 1 Liter warmes Wasser? BGW

Wieviel Cent sind nötig, um einen Liter Wasser zum Kochen zu bringen?

Cent: 1,48   1,82   1,89   3,06   3,19   4,59

Gasherd · Kaffeemaschine · Wasserkocher · Herdplatte (Strom) · Cerankochfeld (Strom) · Mikrowelle

Quelle: Stiftung Warentest (08/2006)
Energiekosten: Strom 18 Cent/kWh, Erdgas 6 Cent/kWh

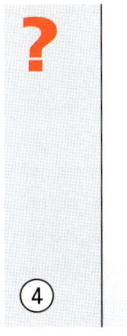

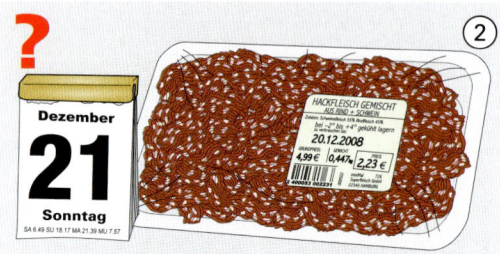

1.2 Sicherheit im Haushalt

Unfallgefahren – Unfallverhütung

1. Was wird hier falsch gemacht? Wie macht man es richtig?

2. Nenne weitere Unfallursachen und beschreibe Möglichkeiten der Unfallverhütung.

3. Erstellt ein Plakat „Unfallgefahren/ Sicherheitsmaßnahmen in der Schulküche".

4. Beschreibe Erste-Hilfe-Maßnahmen bei
   a) kleineren Schnittverletzungen,
   b) Verbrennungen.

5. Stelle fest, welches Erste-Hilfe-Material in der Schulküche vorhanden ist.

6. Lege bei einem Mitschüler einen Fingerkuppenverband an.

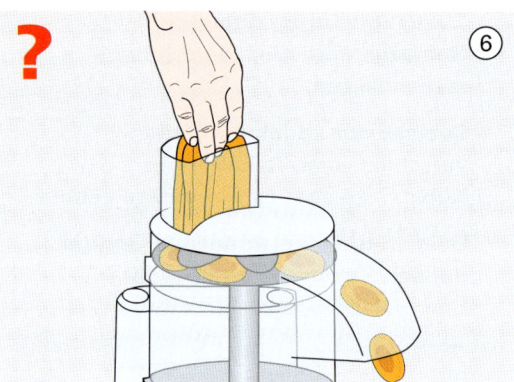

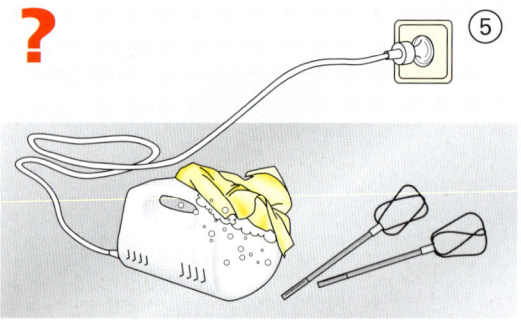

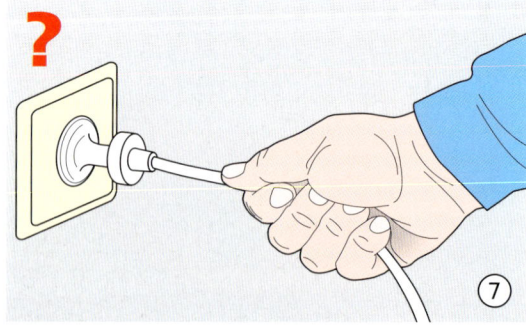

Vermeidung von Stürzen – 85 % aller Unfälle sind Stürze

▶ Heruntergefallene Abfälle, z. B. Obstschalen, sofort aufheben.

▶ Verschüttetes sofort aufwischen.

▶ Verspritztes Fett sofort aufwischen.

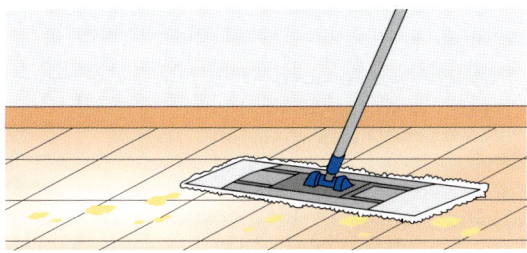

▶ Nichts in den Laufbereich stellen.

▶ Auf richtige Arbeitskleidung, besonders Schuhe mit rutschfester Sohle, achten.

▶ Keine Anschlusskabel von elektrischen Geräten herunterhängen lassen.

▶ Stühle nicht als Leiterersatz verwenden. Eine Leiter mit rutschfesten Tritten, Gummifüßen und Sicherheitsbügel benutzen.

Vermeidung von Schnittwunden und Verletzungen durch Geräte

▶ Beim Arbeiten Haare zusammenbinden, Schmuck ablegen.

▶ Den Restehalter bei Zerkleinerungsmaschinen als Fingerschutz benutzen.

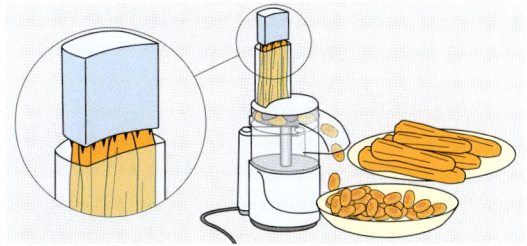

▶ Krallengriff beim Schneiden anwenden.

▶ Messer nicht herumliegen lassen. Nach dem Gebrauch wieder in den Messerbehälter stellen.

▶ Nicht mit Schneidegeräten, z. B. Messern, herumlaufen. Die Klinge bzw. Schneide nach unten halten.

▶ Schneidewerkzeug nie in das Spülwasser legen, sondern einzeln spülen. Es könnte jemand hineingreifen und sich verletzen.

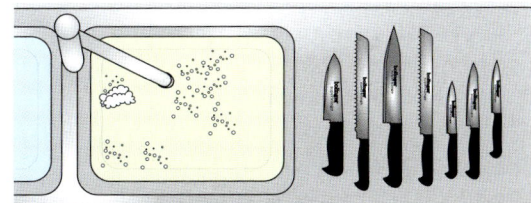

▶ Fallende Messer und Gläser nicht auffangen.

▶ Beschädigtes Geschirr beseitigen.

▶ Vor dem Reinigen der elektrischen Geräte den Stecker ziehen. Motorgehäuse nur feucht abwischen, nicht spülen.

▶ Stecker nicht an der Schnur aus der Steckdose ziehen, Stecker anfassen.

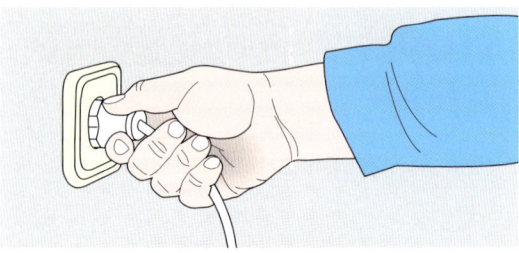

Vermeidung von Verbrennungen und Verbrühungen

▶ Heiße Flüssigkeit, z.B. von Kartoffeln, vorsichtig abgießen.

▶ Keine Fritteuse mit heißem Fett transportieren.

▶ Niemals Gefäße mit heißer Flüssigkeit auf dem Boden abstellen.

▶ Auf brennendes Fett kein Wasser gießen. Einen Deckel auf das Gefäß legen, damit die Flamme erstickt.

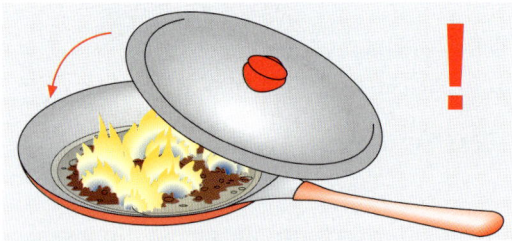

▶ Lebensmittel gut abtrocknen, bevor sie frittiert oder gebraten werden. So werden gefährliche Fettspritzer vermieden. Zum Frittieren deshalb auch nur wasserfreies, reines Fett bzw. Öl verwenden.

▶ Darauf achten, dass z.B. der Grill auch von außen sehr heiß werden kann. Topfhandschuhe bzw. Topflappen benutzen.

Vermeidung von Vergiftungen und Verätzungen

▶ Beim Einkauf von leicht verderblichen Lebensmitteln auf das Verbrauchsdatum achten, es ist ein Verfallsdatum. Das Mindesthaltbarkeitsdatum ist kein Verfallsdatum.

▶ Bei schlechtem Geruch oder Schimmelbildung Lebensmittel nicht mehr essen.

▶ Selbst gesammelte Pilze nur dann essen, wenn man sie wirklich kennt. Vorsichtshalber zur Pilzberatungsstelle gehen.

▶ Reinigungsmittel nur in entsprechend gekennzeichneten Flaschen oder Gefäßen aufbewahren, nie in Getränkeflaschen füllen.

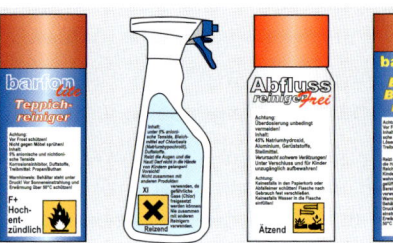

▶ Dosierungsvorschriften bei Reinigungsmitteln beachten. Es kann sonst zu gefährlicher Gasbildung kommen. Durch richtiges Dosieren wird auch die Umwelt geschont.

Durch frühzeitiges Erkennen von Unfallursachen werden Unfälle verhütet.
Unfälle werden durch umsichtiges und richtiges Arbeiten vermieden.

Erste-Hilfe-Maßnahmen

Wunden

Kleine Wunden nicht auswaschen, etwas bluten lassen. Grobe Schmutzteile vorsichtig mit einem sauberen Tuch entfernen. Steriles Pflaster verwenden.

Sonst können selbst kleine Wunden lebensgefährlich werden. Es kann zu Entzündungen und zu einer Blutvergiftung kommen.

Größere Wunden nicht berühren. Weder Puder, Salbe noch Desinfektionsmittel verwenden. Mit steriler Wundauflage und Mullbinde oder Verbandspäckchen bedecken. Sofort zum Arzt gehen.

Nasenbluten

Den Kopf leicht vornüberbeugen. Kalte Umschläge in den Nacken.

Insektenstiche

Feuchte, kühle Umschläge mit Essigwasser oder verdünntem Salmiakgeist. Bei Bienenstichen und Wespenstichen im Mundraum sofort Notruf – Erstickungsgefahr!

Inzwischen Hals mit Eisbeutel kühlen.

Verbrennungen und Verbrühungen

Betroffene Stelle sofort in kaltes Wasser – kein Eiswasser – eintauchen oder unter fließendes Wasser halten, bis der Schmerz nachlässt; mindestens 15 Minuten. Kein Mehl oder sonstige Hausmittel verwenden. Evtl. mit Brandwunden-Verbandspäckchen oder Verbandtuch abdecken.

Verätzungen

Sofort Notruf. Kleidung über den betroffenen Stellen entfernen. Haut ausgiebig mit Wasser abspülen. Dabei die unverletzten Teile, z. B. das andere Auge, schützen.

Knochenbrüche/Verletzungen der Gelenke

Ruhigstellung der verletzten Körperteile in der vorgefundenen Lage.

Erstickungsgefahr – Fremdkörper in der Luftröhre

Sofort Oberkörper tief nach vorn beugen, mit der flachen Hand kräftige Schläge zwischen die Schulterblätter, husten lassen.

Grundsätzliches bei Unfällen

▶ Ruhe bewahren

▶ Erkennen, überlegen, handeln

▶ Weitere Schädigungen verhindern

▶ Unfallstelle absichern

▶ Hilfe herbeiholen – Notruf

▶ Verletzte Person nicht allein lassen

Der Notruf muss folgende Informationen enthalten:

● **Wo geschah es?**
   Unfallort, Straße/Nr.
   Ortsbeschreibung

● **Was geschah?**
   kurze Beschreibung
   des Unfallhergangs

● **Wie viele Verletzte?**
   Zahl der Verletzten

● **Welche Arten von Verletzungen?**
   ungefähre Verletzungsart,
   besonders lebensbedrohliche
   Verletzungen nennen

● **Warten auf Rückfragen**
   gegebenenfalls Name und
   Telefonnummer für Rückrufe

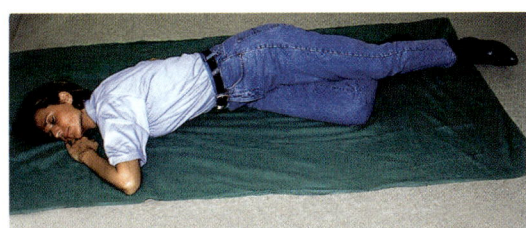

Stabile Seitenlage

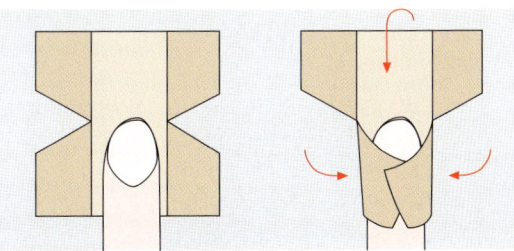

Fingerkuppenverband

1.3 Ökologie und Ökonomie beim Einkauf

Wodurch wird der Wert der Lebensmittel bestimmt?

1. Lies die Umfrage im Supermarkt.

2. Ermittle die jeweiligen Gründe der verschiedenen Personen für die Lebensmittelauswahl:
   a) Sabine und Johannes:
      – Es soll schmecken,
      – das Essen soll zur guten Stimmung beitragen.
   b) Peter?   c) usw.?

3. Nenne Lebensmittel, die im Einkaufswagen von
   a) Sabine und Johannes,
   b) Peter,   c) usw.
   liegen können.

4. Stellt in einer Einkaufsstätte mithilfe der Lebensmittel-kennzeichnung, vgl. S. 25 ff., fest: Aus welchen Ländern werden Lebensmittel angeboten?

5. Kennzeichnet die Herkunftsländer der Lebensmittel auf einer Landkarte.

6. Diskutiert: „Auf welche Lebensmittel aus dem Ausland können wir verzichten?"

7. a) Ermittelt, welche Gemüsesorten aus der Region in der gegenwärtigen Jahreszeit erhältlich sind.
   b) Nennt Gerichte, die daraus zubereitet werden können.

Umfrage im Supermarkt
Reporter: *Können Sie uns sagen, was für Ihre Lebensmittelauswahl entscheidend ist?*

Sabine und Johannes: *Wir haben heute Freunde zum Abendessen eingeladen. Wir wollen es bei dem herrlichen Wetter im Garten genießen. Das Essen für uns und unsere Freunde soll schmecken und gut aussehen. Diese Speisen und Getränke werden sicher mit zur guten Stimmung beitragen. Ausgewählt haben wir: …*

Peter: *Ich möchte durch meinen Einkauf die Umwelt möglichst wenig belasten. Wenn verpackte Lebensmittel, dann nur umweltfreundliche. Die Lebensmittel müssen außerdem in der Gegend erzeugt sein. Wie viel Energie wird für den Transport von unreif geernteten Früchten aus anderen Erdteilen benötigt, ganz zu schweigen von der Umweltbelastung durch die Abgase. Die Lebensmittel müssen auch umweltfreundlich angebaut bzw. erzeugt werden, Massentierhaltung, Einsatz von Pflanzenschutzmitteln, nein danke! Ausgewählt habe ich: …*

Josef: *Meine Großeltern sind durch falsche Ernährung erkrankt. Ich möchte mich gesund ernähren. Ich achte nun darauf, dass die Lebensmittel nicht zu viel Zucker, Fett, Energie oder Salz enthalten, aber viel Ballaststoffe, Vitamine und Mineralstoffe. Die Lebensmittel sollen eine hohe Dichte lebensnotwendiger Nährstoffe haben, …*

Anna: *Ich bin berufstätig. Ich lebe in einem Singlehaushalt. Ich achte beim Einkauf auf kleine Portionen und schnelle Zubereitung. Mit einem großen Braten kann ich nichts anfangen. Der Preis muss natürlich auch stimmen. Außerdem bevorzuge ich Rezepte aus der bayrischen Küche. Ausgewählt habe ich: …*

Gründe für die Lebensmittelauswahl

Genusswert

Speisen und Getränke sollen nicht nur satt machen und gesund sein, sie sollen auch gut aussehen und schmecken. Im Sommer möchte man ein kaltes Getränk oder Eis, im Winter eine heiße Suppe.

Der Duft eines Kuchens lässt einem das Wasser im Mund zusammenlaufen, man kann es kaum erwarten, dass der Kuchen angeschnitten wird. Der Duft eines ungeliebten Gerichts kann einem dagegen den Appetit verderben.

Gesundheitswert

Gesunde Lebensmittel und Speisen enthalten wenig Zucker, Fett, Energie und Salz. Dagegen enthalten sie reichlich Ballaststoffe, Vitamine und Mineralstoffe. Sie sollen den Körper nicht belasten, jedoch satt machen.

In den Lebensmitteln sollen wenig Zusatzstoffe bzw. Schadstoffe enthalten sein.

Eignungswert

Meist kauft man bestimmte Lebensmittel, die man für den geplanten täglichen Speiseplan benötigt. Das Speisenangebot in Deutschland ist unterschiedlich: Weißwürste in Bayern, Spätzle in Schwaben, Pellkartoffeln mit grüner Soße in Hessen.

Auch Preis und Zeitaufwand für Einkauf und Zubereitung sind wichtig für Kaufentscheidungen. Beim Einkauf wird häufig ein Preisvergleich durchgeführt, das Haushaltsgeld muss reichen – der Großeinkauf im Supermarkt oder Gemüse auf dem Wochenmarkt. Teure Speisen und Getränke müssen nicht besser schmecken oder gesünder sein.

Auch die Haltbarkeit der Lebensmittel ist für die Kaufentscheidung wichtig. Lebensmittel, die nicht lange haltbar sind, z. B. Milch oder Salat, müssen täglich frisch gekauft werden, hierfür werden zusätzlich Zeit und eine entsprechende Planung benötigt.

Ökologischer Wert (Umwelt)

Das Umweltbewusstsein der Menschen ist in den letzten Jahren gewachsen. Es werden unverpackte oder umweltschonend verpackte Lebensmittel und Getränke ausgewählt.

Erzeugnisse aus dem biologischen – ökologischen – Anbau sind teurer als herkömmlich erzeugte Lebensmittel. Der Arbeitsaufwand ist hier größer und die Erträge sind geringer.

Der Preis, der von allen im Nachhinein mit den Steuern für Umweltschäden gezahlt werden muss, ist jedoch oft höher.

Was nutzt es, wenn die Nahrung die Gesundheit des Einzelnen schützt, bei der Erzeugung jedoch gleichzeitig die Umwelt belastet wird?

① ② ③ ④ ⑤ ⑥ ⑦ ⑧ ⑨ ⑩ ⑪ ⑫

Obst aus dem Alten Land
Deutsche Qualität   Handelsklasse II

Bioland Geflügel

merrygold 250g
Original Irische Butter

Apfel-saft

meierhof 250g
Deutsche Markenbutter

SUN of South Africa
Handelsklasse I

Äpfel aus Südafrika

Pfandflasche
Sparkling WATER
the pure nature

Joghurt FIX
Joghurt FIX

Lebensmittel aus der Region und der Jahreszeit bevorzugen.

Bewusstes Einkaufen

Aufgrund der Vielzahl der angebotenen ähnlichen Waren fällt es den Verbrauchern heute schwer, eine bewusste Kaufentscheidung herbeizuführen.

Warenkenntnisse, Qualitätsmerkmale, technische Details und viele andere spezielle Voraussetzungen sind notwendig, um eine richtige Wahl treffen zu können.

Formen des bewussten Einkaufs:
▶ **umweltbewusstes Einkaufen,** z. B.
  - Papier statt Plastik
  - Glas statt Metall
  - Mehrweg- statt Einwegverpackungen
  - keine doppelten Verpackungen
  - recycelbare Verpackungen
  - Nachfüllpackungen
  - geringe Transportwege
  - Angebote der Saison
  - Umweltzeichen

▶ **preisbewusstes Einkaufen,** z. B.
  - Angebote vergleichen
  - Sonderangebote nutzen
  - Mengenangaben beachten
  - Mindesthaltbarkeitsdatum beachten
  - nur mit Einkaufsliste einkaufen

▶ **ernährungsbewusstes Einkaufen,** z. B.
  - energiearme, fettarme Produkte
  - ballaststoffreiche Produkte
  - Produkte mit wenig Zusatzstoffen

1. Die Abbildung zeigt Lebensmittel, die in unseren Lebensmittelgeschäften angeboten werden.
   Unterteile die Lebensmittel in
   a) umweltfreundliche,
   b) umweltbelastende.

2. Ergänze weitere umweltfreundliche Lebensmittel.

Hauptangebotszeiten bzw. Haupterntezeiten von Obst und Gemüse

Obst und Gemüse	Jan.	Feb.	März	Apr.	Mai	Juni	Juli	Aug.	Sep.	Okt.	Nov.	Dez.
Äpfel	●	●	●					●	●	●	●	●
Birnen								●	●	●		
Erdbeeren					●	●	●					
Himbeeren						●	●					
Kirschen						●	●	●				
Pfirsiche						●	●	●				
Zwetschgen/Pflaumen								●	●	●		
Weintrauben							●	●	●			
Orangen	●	●	●	●	●	●					●	●
Bananen	●	●	●	●	●	●	●	●	●	●	●	●
Zitronen	●	●	●	●	●	●	●	●	●	●	●	●
Blumenkohl						●	●	●	●	●		
Bohnen, grün						●	●	●	●			
Brokkoli							●	●	●	●		
Gurken							●	●	●	●		
Kohlrabi					●	●	●	●	●	●		
Gelbe Rüben						●	●	●	●	●	●	
Paprika							●	●	●	●		
Rosenkohl	●	●							●	●	●	●
Spinat				●	●	●	●	●	●	●		
Tomaten							●	●	●	●	●	
Weißkraut	●	●							●	●	●	●
Zucchini						●	●	●	●	●		
Zwiebeln						●	●	●	●	●	●	●

Abfälle – ein Problem für die Umwelt

1. Mache Vorschläge für die Entsorgung bzw. weitere Verwertung der abgebildeten Abfälle.

2. Beschreibe je ein Lebensmittel, das
   a) umweltfreundlich,
   b) umweltbelastend
   verpackt ist.

3. Welche unterschiedlichen Müllcontainer befinden sich in der Schule?

4. Erzähle aus dem „Leben einer Mehrwegflasche".

Abfallvermeidung

▶ Waren in großer, aufwendiger Verpackung ablehnen, z. B. Pralinenkarton oder zweimal verpackte Waren, z. B. Teebeutel mit Einzeltüten und Karton oder Joghurtbecher mit Kartonbanderole.

▶ Wenn möglich, Nachfüllpackungen kaufen.

▶ Seifenspender statt kleiner Seifenpackungen verwenden.

▶ Wasch- und Reinigungsmittel in großen Packungen und als Konzentrat kaufen.

▶ Großpackungen statt Portionspackungen verwenden.

▶ Verpackungsmaterial einsparen.

▶ Lebensmittel, wie Obst, Gemüse und Fleisch, nicht in Kunststoffverpackungen kaufen, sie werden auch unverpackt angeboten.

▶ Glas ist besser als anderes Verpackungsmaterial. Eine Pfandflasche kann etwa 10-mal gefüllt werden. Deshalb Getränke und Milchprodukte in Mehrwegflaschen, -gläsern bevorzugen.

▶ Mehrweg- statt Einwegverpackungen benutzen.

▶ Dosen vermeiden. Die Aluminiumherstellung stellt eine Umweltbelastung dar.

▶ Zum Einkaufen einen Korb oder eine Tasche mitnehmen, keine Plastiktüten.

Die Müllmenge kann durch einen umweltbewussten Einkauf gemindert werden.

Teebeutel und loser Tee

Mülltrennung

Im Betrieb und im Haushalt sollte die Mülltrennung dort beginnen, wo der Müll anfällt.

Es sollten also getrennte Müllbehälter für

▶ Papier und Pappe,

▶ Glas,

▶ Verpackungen mit dem Grünen Punkt,

▶ Biomüll und

▶ Restmüll vorhanden sein.

Die Abfallbehälter sollten jeweils die üblichen Farben haben.

Im Hausmüll enthaltene Wertstoffe sollen nach Möglichkeit dem Stoffkreislauf wieder zugeführt werden.

Grüner Punkt: Verpackungen aus Pappe, Karton und Papier sowie Leichtverpackungen aus Metall, Kunststoff und Verbundmaterialien tragen daher häufig den Grünen Punkt; sie werden gesammelt und wiederverwertet.

Papier und **Pappe** gehören in den Altpapiercontainer.

Aus Altpapier lässt sich Verpackungsmaterial und wieder Papier (Umweltpapier) herstellen, z. B. Schreibpapier, Toilettenpapier.

Nicht zum Altpapier gehören Tapeten, Papiertaschentücher, Kohlepapier, Getränkeverpackungen und alle kunststoffbeschichteten Papiere.

Am Briefkasten einen Aufkleber anbringen: „Bitte keine Werbung". Hierdurch wird Müll vermieden.

Müllcontainer

Glas wird in Glascontainern entsorgt.

Bei Glas ist eine farbliche Sortierung Voraussetzung für das weitere Altglasrecycling. Altglas wird eingeschmolzen und z. B. wieder zu Flaschen verarbeitet. Umweltfreundlicher ist jedoch der Kauf von Mehrwegflaschen.

Mehrwegflaschen haben keinen Grünen Punkt, weil sie nicht weggeworfen werden. Das Recyclingzeichen auf Einwegflaschen besagt nur, dass die Entsorgung geregelt ist.

Küchenabfälle von Obst und Gemüse, Eierschalen, Kaffeesatz usw. machen etwa 30 % des Hausmülls aus.

Diese Abfälle können kompostiert werden. Sie gehören in spezielle Müllcontainer bzw. auf den Komposthaufen.

Nicht auf den Kompost gehören gekochte Speisereste, sie könnten Ratten anlocken.

Abfälle nicht in die Toilette schütten. Diese Abfälle müssen mit großem Aufwand wieder aus dem Abwasser entfernt werden, da sie nicht in die Umwelt gelangen dürfen.

Sondermüll – Giftmüll

Viele Gegenstände, z. B. Batterien, Leuchtstoffröhren, Farbreste, Fettreste, Reinigungsmittelreste, gehören in den Sondermüll und nicht in die Abfalltonne, da sie auf der Mülldeponie eine Gefahr für die Umwelt sind.

▶ Batterien enthalten oft umweltgefährdende Stoffe, diese werden in den Mülldeponien teilweise freigesetzt. Viele Geschäfte nehmen Batterien zurück. Nach Möglichkeit wiederaufladbare Akkus verwenden.

▶ Brat- und Frittieröle in geschlossenen Gläsern in den Hausmüll geben.

▶ Medikamente werden in der Apotheke zurückgenommen.

▶ Auch manche Geräte, z. B. Kühlschränke, müssen gesondert entsorgt werden.

Der **Grüne Punkt** besagt nur, dass die Entsorgung geregelt ist. Auch für diese Müllabfuhr müssen wir bezahlen.

Reinigungsmittel umweltgerecht – ökologisch – auswählen

1. Folgende Gegenstände sollen gereinigt werden:
   a) eine Kunststoffschüssel,
   b) ein Topf aus Edelstahl,
   c) eine Porzellanschüssel,
   d) eine Glasvase.
   Wähle jeweils geeignete Reinigungsmittel und Arbeitsgeräte aus.

2. Die Schulküche soll gründlich gereinigt werden:
   Welche Arbeitsgeräte und Reinigungsmittel werden für die Reinigung
   a) des Herdes,
   b) der Arbeitsfläche,
   c) der Spüle benötigt?

3. Notiert die Reinigungsmittel, die ihr im Haushalt verwendet. Ermittelt aus der Gebrauchsanweisung die Verwendungszwecke.

4. Erstellt Wandzeitungen zu den Themen „Reinigung und Umwelt" und „Ökoputzschrank".

▶ Vor der Verwendung eines Reinigungsmittels genau die Gebrauchsanweisung und Dosierungsanweisung durchlesen.

▶ In den meisten Fällen genügt Spülmittel zum Reinigen von stark verschmutztem Geschirr, Töpfen usw.

▶ Mechanische Reinigungsmittel wie Stahlwolle und Scheuermittel zerkratzen empfindliche Oberflächen, z. B. Edelstahl, Emaille und Kunststoff.

▶ Schmutz lösende Reinigungsmittel und Allzweckreiniger lösen lediglich Fett und Schmutz. Werden diese Mittel zu stark dosiert, können sie die Oberfläche angreifen. Sie wird rau und kann schneller wieder verschmutzen, der Gegenstand sieht oft nicht sauber aus.

▶ Reinigungsmittel sparsam verwenden, sie belasten die Umwelt.

▶ Wasser und Spül- bzw. Reinigungsmittel bei Verschmutzung wechseln. Den schmutzigsten Gegenstand zuletzt reinigen.

▶ Viele Reinigungsmittel, die im Haushalt verwendet werden, sind überflüssig. Sie können durch ungefährlichere „Hausmittel" ersetzt werden, z. B. Scheuerseife anstelle von Allzweckreiniger, flüssiges Scheuermittel anstelle von Wannenspray, Wasser mit einem Spritzer Essig oder Spiritus anstelle des Glasreinigers, die Toilettenbürste und evtl. Essigwasser anstelle des WC-Reinigers.

▶ Der Einsatz von Desinfektionsmitteln ist im Haushalt normalerweise überflüssig. Die Wohnung kann nicht hygienisch sauber sein. Außerdem sollte sich bereits das Kleinkind an „Bakterien" gewöhnen. Sonst werden keine natürlichen Abwehrkräfte aufgebaut, man wird leichter krank.

▶ Reinigungsmittel können eine Gefährdung für Kinder bedeuten. Beim Kauf eines Reinigungsmittels auf einen Verschluss mit Kindersicherung achten.

Reinigungsmittel

Lebensmittelkennzeichnung

Das Etikett

Folgende Angaben müssen auf Fertigpackungen in deutlich sichtbarer und leicht lesbarer Schrift gemacht werden.

Verkehrsbezeichnung: Durch die Bezeichnung bzw. Beschreibung soll eine Unterscheidung von ähnlichen Erzeugnissen ermöglicht werden, z.B. Erdbeerquark und nicht Sommernachtstraum.

Zutatenliste: Die Zutaten des Lebensmittels müssen in absteigender Reihenfolge ihrer Gewichtsanteile zum Zeitpunkt der Verwendung bzw. Herstellung genannt werden. Die Zutat mit dem größten Gewichtsanteil steht an erster Stelle, die Zutat mit dem geringsten Anteil an letzter Stelle.

Wird eine Zutat in der Verkehrsbezeichnung genannt oder im Bild auf dem Etikett hervorgehoben, so muss die prozentuale Menge, z.B. 7% Erdbeeren, angegeben werden.

In der Zutatenliste müssen auch **Zusatzstoffe**, z.B. Konservierungs- und Farbstoffe, angegeben werden. Zusatzstoffe dürfen generell nicht gesundheitsschädlich sein, trotzdem können manche Zusatzstoffe Allergien auslösen.

Wird die Zutatenliste genau beachtet, so können Lebensmittel ohne Zusatzstoffe ausgewählt werden. Frische, unverarbeitete Lebensmittel enthalten keine Zusatzstoffe.

Mindesthaltbarkeitsdatum: Unter angemessenen Aufbewahrungsbedingungen behält das Lebensmittel bis zu diesem Datum seine Eigenschaften. Ist das Mindesthaltbarkeitsdatum nur bei Einhaltung bestimmter Temperaturen gewährleistet, so ist ein entsprechender Hinweis zu geben, z.B. „bei +8°C mindestens haltbar bis …". Das Mindesthaltbarkeitsdatum muss unverschlüsselt unter Angabe von Tag, Monat und Jahr angegeben werden. Je nach Haltbarkeitsdauer reicht auch lediglich die Angabe von Monat und Jahr oder nur des Jahres.

Name des Herstellers oder Abfüllers, Ort der gewerblichen Niederlassung: Diese Angaben ermöglichen eine eventuelle Beanstandung des Lebensmittels.

Mengenangabe: Füllmenge (Abtropfgewicht) oder sonstige Mengenangaben müssen in Liter bzw. Kilogramm angegeben werden. Abtropfgewicht heißt z.B. bei Kirschen im Glas: Kirschen ohne Flüssigkeit.

1. In einem Laden entdeckst du eine Packung Schokolade ohne Etikett im Sonderangebot. Trage zusammen, was du über die Schokolade wissen möchtest.

2. Welche Zutaten sind in der Zutatenliste des Sommerquarks angegeben?

3. Welche Zutat ist
   a) in der größten Menge,
   b) in der geringsten Menge
   in dem Sommerquark enthalten?

Das Etikett – Lebensmittelkennzeichnung

Wir erstellen ein Etikett

1. Erkundet in unterschiedlichen Geschäften die Lebensmittelkennzeichnung für verschiedene Joghurtsorten und Speisequarksorten.

2. Erstellt ein Etikett – mit der notwendigen Lebensmittelkennzeichnung – für eine Packung Erdbeerquark, vgl. Rezept.

3. Berechnet die Kosten für eine Portion Erdbeerquark.

4. Erstellt eine Werbung mit Preisangabe für den Erdbeerquark.

5. Startet den Verkauf.

Es soll ein Etikett für eine Packung Speisequark erstellt werden.

Vielleicht könnt ihr auch Erdbeerquark zubereiten und diesen mit der notwendigen Lebensmittelkennzeichnung zur Aufbesserung der Klassenkasse verkaufen.

Wir sammeln notwendige Informationen für die Erstellung der Lebensmittelkennzeichnung.

Für den Speisequark wurde das folgende Rezept verwendet:

250 g Erdbeeren (240 g ohne Abfall)
250 g Magerquark
⅛ l Milch
20 g Zucker
1 Vanillinzucker (10 g)

Wir informieren uns über die Lebensmittelkennzeichnung von Fertigprodukten, vgl. S. 25.

▶ Was möchte ich über den Speisequark wissen, um eine Kaufentscheidung treffen zu können?

▶ Welche Angaben schreibt das Lebensmittelrecht vor?

▶ Welche zusätzlichen Informationen auf Lebensmittelpackungen sind freiwillig?

Anhand der vorliegenden Informationen erarbeiten wir Lösungsvorschläge für das Etikett.

Wir vergleichen und diskutieren unsere Ergebnisse:

▶ Sind die Angaben vollständig?

▶ Gibt es weitere Angaben, mit denen wir den Verkauf steigern könnten?

Wir erstellen das Etikett für den Speisequark und verkaufen ihn.

Gentechnik

Im Ausland gentechnisch hergestellte Lebensmittel und Zusatzstoffe dürfen ohne spezielle Einschränkungen nach Deutschland eingeführt werden. Ausgenommen sind lebende gentechnisch veränderte Tiere. Das Kotelett vom Gen-Schwein darf jedoch importiert werden, ebenso wie Cornflakes aus Gen-Mais und Ketchup aus Gen-Tomaten.

Die Kennzeichnungsregelung für gentechnisch hergestellte Lebensmittel gehört zu den strengsten Vorschriften.

Kennzeichnung von Lebensmitteln aus gentechnisch veränderten Pflanzen: z. B. bei Ketchup:

„aus gentechnisch veränderten Tomaten hergestellt".

Bioprodoukte sind ohne Gentechnik hergestellt. Sonst die Zutatenliste genau lesen, so kauft man nicht unbemerkt gentechnisch hergestellte Lebensmittel.

Vermarktungsnormen – Handelsklassen für Obst und Gemüse

Vermarktungsnormen – Handelsklassen – für Obst und Gemüse geben Auskunft über Größe, Form, Gewicht, Aussehen und äußere Beschaffenheit von Obst und Gemüse.

Vermarktungsnormen allgemein

Extra	auserlesene Ware
Klasse I	hochwertige Ware
Klasse II	gute Ware

Vermarktungsnormen – Handelsklassen – geben keine Auskunft über

▶ den **Gesundheitswert**, z. B. Nährstoffgehalt, Pflanzenschutzmittel, Schadstoffgehalt,

▶ die **Umweltverträglichkeit**, z. B. Anbauart, Verpackung,

▶ die **Sozialverträglichkeit**, z. B. Erhalt der bäuerlichen Landwirtschaft, Berücksichtigung der Belange der Entwicklungsländer.

Kennzeichnung von Lebensmitteln aus gentechnisch veränderten Pflanzen und Tieren

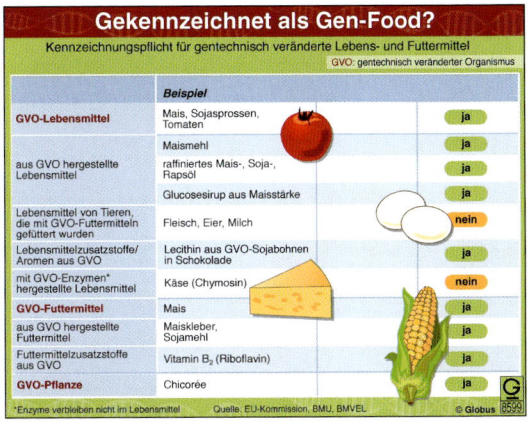

1. Welche Äpfel sollen für ein Müsli ausgewählt werden?

2. Nimm Stellung zu der Aussage: Handelsklassen – Vermarktungsnormen – sollen den Preisvergleich erleichtern.

3. Erkunde das derzeitige Marktangebot für Äpfel:
   a) Preise,
   b) Herkunftsländer,
   c) Handelsklassen – Vermarktungsnormen.

Extra
2,49 €/kg

I
1,99 €/kg

II
1,09 €/kg

Kartoffeln – Wir nutzen beim Einkauf die Lebensmittelkennzeichnung

1. Welche Informationen findet der Verbraucher auf den abgebildeten Kartoffelpackungen?

2. Sammle Rezepte für Kartoffelgerichte: Pellkartoffeln, Kartoffelgratin, Kartoffelbrei usw.

3. Ermittle geeignete Kartoffelsorten für die verschiedenen Kartoffelgerichte.

4. Beschreibe die Zubereitung der verschiedenen Kartoffelgerichte.

5. Ermittle, bei welchen anderen Lebensmitteln Handelsklassen bzw. Vermarktungsnormen angegeben werden.

Kartoffelsorten

Lebensmittelkennzeichnung

Erntezeit
Speisefrühkartoffeln sind Kartoffeln, die in der Zeit vom 1. Februar bis zum 10. August unmittelbar nach ihrer Ernte erstmalig verladen werden. Im Übrigen lautet die Bezeichnung „Speisekartoffeln".

Sortennamen
Im Handel werden etwa 100 verschiedene Kartoffelsorten angeboten, z. B. Hansa, Grata, Bintje, Sieglinde.

Handelsklassen
Handelsklassen sind Qualitätsangaben, die den Vergleich beim Einkauf erleichtern. Kartoffeln werden in den Handelsklassen Extra (Spitzenqualität) und Klasse I (hochwertige Ware) angeboten.

▶ Mindestgröße und Größenunterschiede sind für diese beiden Handelsklassen gleich. Speisekartoffeln, die die Mindestgröße von 30 mm unterschreiten, können als Drillinge angeboten werden.

▶ Der Anteil an nicht qualitätsgerechten Kartoffeln darf bei der Klasse Extra 5 % und bei der Klasse I 8 % betragen.

▶ Der Anteil an fremden Bestandteilen darf bei der Klasse Extra 1 % und bei der Klasse I 2 % betragen.

Abfüller oder Verkäufer
Namen und Ort müssen angegeben werden, damit fehlerhafte Ware beanstandet werden kann.

Kocheigenschaften
Drei Kochtypen werden unterschieden:

Kochtyp	Kocheigenschaften
fest-kochend	fest, feinkörnig und feucht, platzen nicht auf
vorwiegend fest-kochend	mäßig feucht und feinkörnig, platzen wenig auf
mehlig kochend	trockener, grobkörnig, platzen stärker auf

Kennzeichnung verschiedener Milchsorten

Übersicht – Trinkmilchaufbereitung

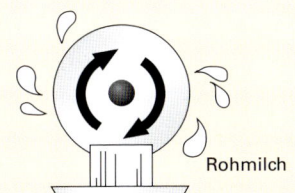

Reinigung		Abtrennung der
Entfernung von		Sahne (Rahm)
Staubteilchen		

Rohmilch

Fettgehaltsstufen

Vollmilch
mindestens 3,5 % Fett

entrahmte Milch
höchstens 0,5 % Fett

fettarme (teilentrahmte) **Milch**
mindestens 1,5 bis 1,8 % Fett

Homogenisieren

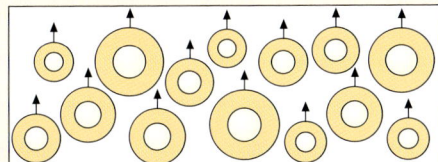 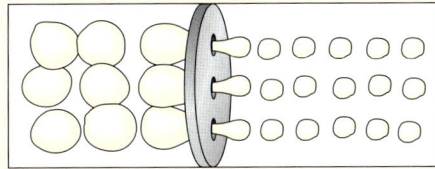

Rohmilch
Fetttröpfchen sind von einer Eiweißhülle umgeben, sie sind ungleichmäßig groß.

Milch, homogenisiert
Fetttröpfchen sind zerkleinert und gleichmäßig in der Milch verteilt. Die Milch kann nicht mehr aufrahmen.

Wärmebehandlung

Frischmilch
drei bis vier Tage haltbar bei max. 8 °C
Kurzzeiterhitzung

Längerfrische
15 Tage haltbar bei max. 8 °C
Hocherhitzung

H-Milch
zwölf Wochen haltbar in geschlossener Packung
Ultrahocherhitzt

Sterilmilch
mehrere Monate haltbar in geschlossener Packung
Sterilisiert

Nenne die Angaben auf den Milchpackungen.

Güte-klassen	Beschaffenheit der Eier/Verpackungsbeschriftung
A – „Extra"	**Besonders frische Eier** Luftkammerhöhe bis 4 mm. Auf Kleinpackungen: Packdatum und empfohlenes Verkaufsdatum; darüber eine Banderole mit der Bezeichnung „Extra", nach sieben Tagen muss diese entfernt werden. Die Eier kommen nun in die Güteklasse A – frische Eier.
A	**Frische Eier** Luftkammerhöhe bis 6 mm. Packdatum und empfohlenes Verkaufsdatum auf der Verpackung. Die Bezeichnung „frisch" ist zulässig.

Gewichtsklassen		
S	klein	unter 53 g
M	mittelgroß	53 bis unter 63 g
L	groß	63 bis unter 73 g
XL	sehr groß	ab 73 g

1. Erläutere die Angaben auf der Eierpackung.

2. Stelle einen Preis-Mengen-Vergleich zwischen Hühnereiern der Gewichtsklassen XL und M an.

Kennzeichnung von Hühnereiern

Das Lebensmittelrecht schreibt vor, dass beim Verkauf von Hühnereiern jeweils die Güteklassen und Gewichtsklassen und das Mindesthaltbarkeitsdatum sowie Empfehlungen zur Lagerung anzugeben sind. Im Einzelhandel werden hauptsächlich Hühnereier der Güteklasse A angeboten. Diese sind EU-weit mit einem Erzeugercode versehen, aus dem die Herkunft der Eier und die Art der Legehennenhaltung abgelesen werden kann.

Einteilung nach Güteklassen
Hühnereier – zu prüfende Merkmale:

▶ Höhe der Luftkammer (Frischezustand), diese vergrößert sich mit der Lagerdauer

▶ Aussehen und Beschaffenheit von Eiklar: klar und durchsichtig;

 Eigelb: zentrale Lage und Keim nicht sichtbar

▶ Schale sauber und unverletzt

▶ kein Fremdgeruch

Weitere Angaben, die auf Eierpackungen zu finden sind:
▶ Name, Anschrift und Kennnummer der Packstelle

▶ Zahl der verpackten Eier

▶ Mindesthaltbarkeitsdatum – maximal 28 Tage nach dem Legedatum

▶ Hinweis, dass die Eier kühl aufbewahrt und nach Ablauf des Mindesthaltbarkeitsdatums durcherhitzt werden müssen

Art der Legehennenhaltung
Diese ist an der ersten Zahl des Stempels – Erzeugercode – auf den Eiern zu erkennen.

▶ 0 = Bio

▶ 1 = Freilandhaltung: pro Huhn 4 m² Auslauffläche im Freien

▶ 2 = Bodenhaltung: 9 Hühner pro m² Bodenfläche im Stall

▶ 3 = Käfighaltung: Käfige mit Metallgitterböden, meist in drei oder vier Etagen, 800 cm² pro Henne

Weitere Warenkennzeichnung

Sicherheitszeichen

Das **CE-Zeichen** bestätigt, dass die in EU-Staaten hergestellten Produkte die Sicherheitsvorschriften erfüllen.

Prüfzeichen GS – geprüfte Sicherheit: Das Gerätesicherheitsgesetz verpflichtet Hersteller, nur solche Maschinen und Werkzeuge in den Verkehr zu bringen, die europäischen und deutschen Schutzvorschriften entsprechen. Ziel ist ein wirksamer Unfallschutz. Das Gesetz umfasst auch Spielzeug, Haushalts- und Sportgeräte sowie Bastelmaterial.

Die **TÜV-Plakette** – Technischer Überwachungs-Verein – sagt ebenfalls aus, dass ein Gerät den Sicherheitsanforderungen des Gerätesicherheitsgesetzes entspricht.

VDE-Zeichen – Verband der Elektrotechnik Elektronik Informationstechnik e. V.: Dieses Zeichen tragen geprüfte Elektrogeräte.

Umweltzeichen

Umweltzeichen sollen ein umweltbewusstes Einkaufen ermöglichen.

Der **Blaue Engel** kennzeichnet die Umweltverträglichkeit von Produkten. Über folgende Umwelteigenschaften verfügen die mit dem Blauen Engel gekennzeichneten Erzeugnisse:

▶ Produkte enthalten keine Schadstoffe oder nur in geringen Mengen.

▶ Produkte wurden aus Altstoffen durch Recycling hergestellt.

▶ Produkte können mehrfach verwendet werden.

▶ Produkte benötigen wenig Energie.

Das **Umweltgütezeichen der EU** wird nur für Produkte vergeben, die insgesamt umweltverträglich sind.

Das **Biosiegel** ist ein staatliches Erkennungszeichen für biologisch – umweltfreundlich – erzeugte landwirtschaftliche Produkte und Lebensmittel. Entsprechend gibt es auch ein EU-Biosiegel, das weltweit Gültigkeit hat.

Schließlich gibt es mehrere Warenzeichen von Anbauverbänden für landwirtschaftliche Produkte, die umweltfreundlich erzeugt wurden.

Sicherheitszeichen

Umweltzeichen der Blaue Engel

Umweltgütezeichen der EU

Prüfzeichen für umweltfreundliche Landwirtschaft

Warenzeichen von umweltfreundlichen Anbauverbänden

1.4 Einsatz technischer Geräte

Dampfdrucktopf

Flüssigkeitszugabe –
Dampfentwicklung

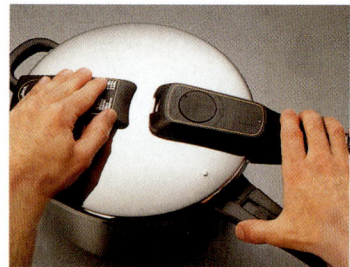

Schließen des
Dampfdrucktopfes

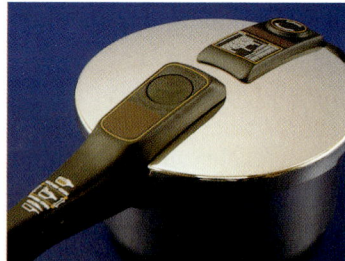

Druckanzeiger nicht sichtbar:
100 °C – 1 bar

Garstufe I: 111 °C – 1,5 bar

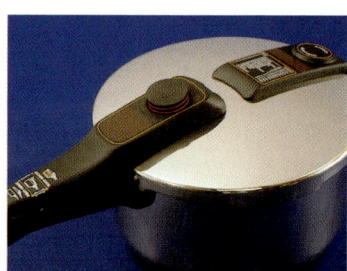

Garstufe II: 119 °C – 1,8 bar

Öffnen des
Dampfdrucktopfes

▶ **Vorbereiten**

Flüssigkeitszugabe – mindestens eine Tasse – ist zur Dampfentwicklung notwendig. Den Topf zum Garen höchstens zu zwei Dritteln füllen. Keine stark schäumenden Speisen im Dampfdrucktopf garen, das Ventil kann sonst verstopfen.

Zum Dämpfen den gelochten Einsatz auf den Dreifuß in den Topf stellen.

Vor dem Schließen überprüfen, ob der Gummiring richtig im Deckel liegt und ob der Topfrand sauber ist. Es kommt sonst nicht zur Drucksteigerung.

Beim Schließen den Deckel nach links drehen, bis die Verriegelung hörbar einrastet.

▶ **Ankochen – Fortkochen**

Topf auf die Kochstelle stellen.

Während der Ankochzeit ist der Druckanzeiger nicht sichtbar, die Ankochzeit ist nicht verkürzt.

Garstufe I

Ein Ring ist sichtbar. Geeignet für: Fisch, zartes Fleisch, z. B. Kalbfleisch, empfindliches Gemüse, Obst.

Garstufe II

Zwei Ringe sind sichtbar. Geeignet für: Fleisch, Eintöpfe, Gemüse mit fester Struktur, Kartoffeln usw.

▶ **Öffnen**

Topf von der Kochstelle nehmen. Der Dampf muss zunächst durch das Öffnen des Kochreglers/Abdampfreglers entweichen.

Oder in der Spüle kaltes Wasser über den Deckel laufen lassen, vgl. Foto.

Bevor der Dampfdrucktopf geöffnet werden darf, muss auf jeden Fall der Druckanzeiger ganz verschwunden sein.

Beim Öffnen Kochregler zurückziehen und Topfdeckel nach rechts drehen.

Gasherd und Elektroherd

Gasherd

Normalbrenner

Starkbrenner

Zusatzsteckdose

Umluftbackofen

Elektroherd

Kochstelle

Zusatzsteckdose

Umluftbackofen

▶ Der Topf sollte die Größe der Kochplatte haben, so wird die Wärme der Herdplatte voll ausgenutzt.

▶ Im geschlossenen Topf garen. Die Kochplatte erst einstellen, wenn der Topf auf der Platte steht.

▶ Richtige Gartemperatur auswählen. Rechtzeitig zurückschalten! Restwärme ausnutzen.

▶ Induktionskochstelle, vgl. S. 104.

1. Erläutere die verschiedenen Bedienungselemente an einem Herd.

2. Welche Art von Kochstellen haben die Schulherde?

Backofen

Im Backofen wird durch heiße Luft gegart und gebräunt.

Backen mit Ober- und Unterhitze:

▶ Durch Ober- und Unterhitze wird gegart.

▶ Es kann jeweils nur ein Blech eingeschoben werden.

▶ Einschubhöhe beachten!
Hohe Kuchen – untere Schiene.
Flache Kuchen – mittlere Schiene.

▶ Am Rand ist die Hitze stärker als in der Mitte. Speisen bzw. Gebäck in die Mitte stellen.

Heißluftbackofen:
Mithilfe eines Gebläses wird die Luft 40-mal pro Minute umgewälzt.

▶ Vorheizen ist nicht nötig, das spart Energie. Also den Backofen nicht zu früh einschalten.

▶ Wegen strömender Heißluft können bis zu vier Bleche gleichzeitig eingeschoben werden.

▶ Jede Einschubhöhe ist möglich.

▶ Niedrigere Temperatureinstellungen beachten, etwa 20 °C weniger!

▶ Möglichst ein kleines Gefäß mit Wasser in den Herd stellen. Das Austrocknen wird so vermieden.

In jedem Fall

▶ Je nach Gebäckart die Bleche entsprechend vorbereiten.

▶ Prüfen, ob das Gebäck gar ist. Vorsichtig in das Gebäck stechen, es darf kein Teig haften bleiben.

▶ Gebäck noch heiß aus der Form lösen. Gebäck nach dem Backen 10 Minuten auskühlen lassen, bevor es geschnitten wird.

▶ Es gibt kombinierte Backöfen, die auf Ober- und Unterhitze bzw. Heißluft eingestellt werden können. In diesem Fall sollte möglichst oft die Heißlufteinstellung gewählt werden, da bei den niedrigeren Temperaturen weniger Energie verbraucht wird.

▶ Die Temperaturangaben in diesem Buch beziehen sich auf Backöfen mit Ober- und Unterhitze, sonst Anweisungen des Herstellers beachten.

Einige Backofen besitzen auch einen eingebauten Grill oder eine eingebaute Mikrowelle. Der Grill bzw. die Mikrowelle ermöglicht ein schnelleres Garen.

Die Reinigung des Backofens erfolgt mit warmem Wasser, dem Neutralreiniger zugesetzt wird. Hartnäckige Verschmutzungen werden mit Scheuermittel und der Scheuerseite eines feuchten Schwamms entfernt. Den Backofen danach mit klarem Wasser auswaschen und mit einem Trockentuch ausreiben. Tür und Bedienungsblende ebenfalls reinigen.

Beschicken und Leeren der Geschirrspülmaschine – Arbeitsschritte

Speisereste von Geschirr und Töpfen mit einem Gummischaber oder einem Küchenpapier entfernen.

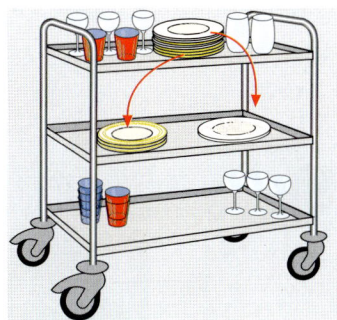

Ungeeignetes Geschirr aussortieren.

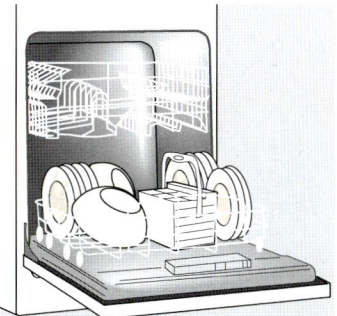

Größere und stärker verunreinigte Geschirrteile in den unteren Korb einsortieren.

Besteck in den Besteckkorb stellen.

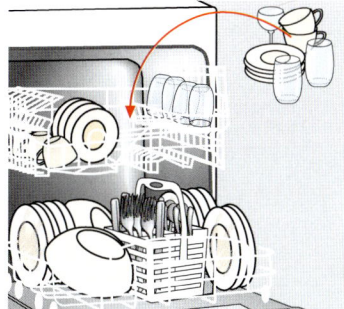

Gläser und leicht verschmutztes Geschirr in den oberen Korb stellen.

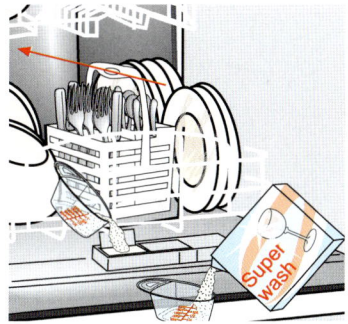

Reiniger nach Gebrauchsanweisung zugeben.
Körbe zurückschieben.

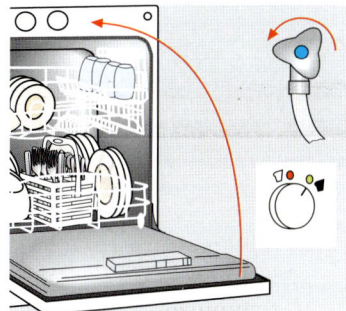

Tür schließen.
Ggf. Wasserhahn öffnen.
Programm auswählen und starten.

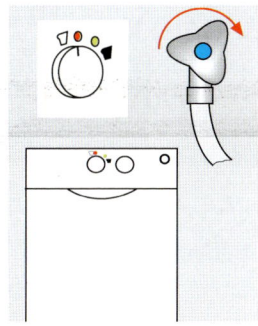

Nach Programmende Gerät ausschalten.
Ggf. Wasserhahn schließen.

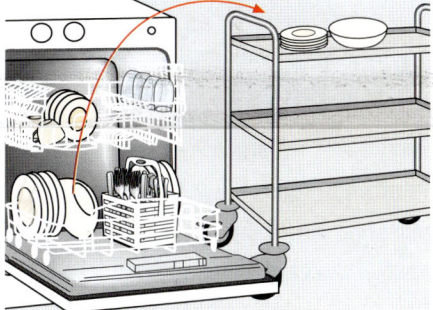

Geschirrspülmaschine ausräumen. Mit dem unteren Korb beginnen.
Geschirr auf Sauberkeit überprüfen.

Projekt – Unsere umweltfreundliche Schule

Vorbereitungsphase

Wir überlegen:

Wie können wir unsere Schule umweltfreundlicher gestalten?

- ▶ Weniger Müll?
- ▶ Geringerer Energieverbrauch, z. B. Heizung und Strom?
- ▶ Geringerer Wasserverbrauch?

Durchführungsphase

Wir haben „Schwachstellen" in unserer Schule, z. B. bei der Müllentsorgung, beim Heizen oder beim Stromverbrauch, entdeckt.

Wir entwickeln ein Müllkonzept oder ein Konzept für die Energieeinsparung und entwickeln Maßnahmen zur Verbesserung.

Planungsphase

Wir besichtigen unsere Schule:

- ▶ Wo und wie wird der Müll entsorgt?
- ▶ Wie wird in den Klassenräumen gelüftet?
- ▶ Wo wird Strom verbraucht?
- ▶ Usw.?

Kontrollphase

Wir überlegen:

- ▶ Was haben wir verbessert?
- ▶ Hat sich unser Umweltbewusstsein und das unserer Mitschülerinnen und Mitschüler verändert?
- ▶ Gibt es weitere mögliche Maßnahmen zum Schutz unserer Umwelt?

2 Vollwertige Ernährung

Am Ende dieses Schuljahrs sollt ihr über folgendes Grundwissen verfügen:

- *Lebensmittel nach ihren Inhaltsstoffen den einzelnen Nährstoffen zuordnen*
- *Lebensmittel qualitativ und quantitativ bewerten*
- *Grundsätze vollwertiger Ernährung kennen*

Ernährungspyramide

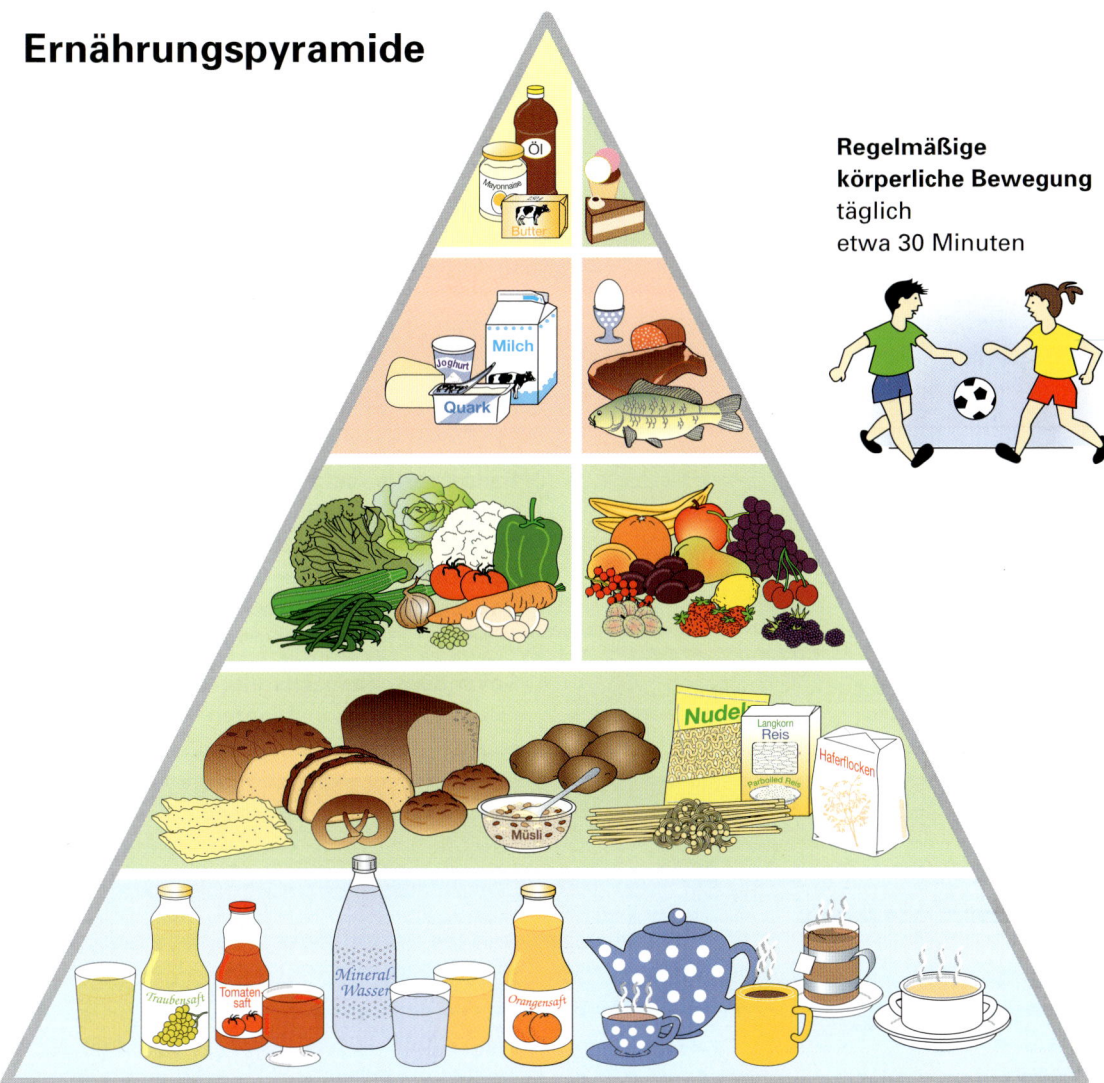

Regelmäßige körperliche Bewegung täglich etwa 30 Minuten

Die Lebensmittel sind in der Ernährungspyramide in Gruppen unterteilt. Du ernährst dich vollwertig, wenn du die Verzehrsempfehlungen, vgl. S.68, beachtest.

Es gibt keine Verbote, es kommt lediglich auf die richtige Mengenzusammenstellung an.

Außerdem ist körperliche Bewegung wichtig.

2.1 Zusammensetzung und Verwertung der Nahrung

Begriffserläuterungen
Lebensmittel dienen der menschlichen Ernährung. Sie enthalten Nährstoffe, Ballaststoffe und sekundäre Pflanzenstoffe.

Genussmittel dienen nicht der menschlichen Ernährung. Sie üben eine anregende Wirkung aus, sie haben keinen oder fast keinen Nährwert. Alkohol wird auch zu den Genussmitteln gerechnet, er hat jedoch einen sehr hohen Energiegehalt.

Nährstoffe sind die verwertbaren Bestandteile der Lebensmittel.

Kohlenhydrate und Fette liefern dem Körper vorwiegend Energie (Brennstoffe). Die Energie wird für Tätigkeiten, z. B. Radfahren, und für die Aufrechterhaltung des Stoffwechsels, z. B. Herztätigkeit, benötigt.

Eiweißstoffe, Mineralstoffe und Wasser werden zum Aufbau und zur Erhaltung des Körpers benötigt (Baustoffe).

Vitamine und Mineralstoffe werden als Schutz- und Reglerstoffe benötigt (Wirkstoffe). Sie schützen vor Krankheiten und regeln Stoffwechselvorgänge.

Welche Nährstoffe gibt es?

Es sind

Kohlenhydrate	Fette
Eiweißstoffe	Wasser
Mineralstoffe	Vitamine

Die hier angegebenen Symbolfarben kennzeichnen die Nährstoffe: Fett ist gelb, Wasser ist blau, Kohlenhydrate sind in grünen Pflanzen usw.

Energieliefernde Nährstoffe
Bestimmte Nährstoffe – Kohlenhydrate, Fette und Eiweiß – führen dem Körper Energie zu:
1 g Kohlenhydrate   liefert 17 kJ (4 kcal)
1 g Fett   liefert 37 kJ (9 kcal)
1 g Eiweiß   liefert 17 kJ (4 kcal)

Nicht energieliefernde Nährstoffe sind Wasser, Mineralstoffe und Vitamine.

Ballaststoffe sind die unverdaulichen Bestandteile der Nahrung. Sie haben die Aufgabe, die Darmbewegung anzuregen. Eine ballaststoffarme Nahrung führt zu Verstopfung. Ballaststoffe sind überwiegend in pflanzlichen Lebensmitteln enthalten.

Sekundäre Pflanzenstoffe sind gesundheitsfördernde Stoffe in Pflanzen, z. B. Geschmacksstoffe (Aromastoffe) oder Farbstoffe.

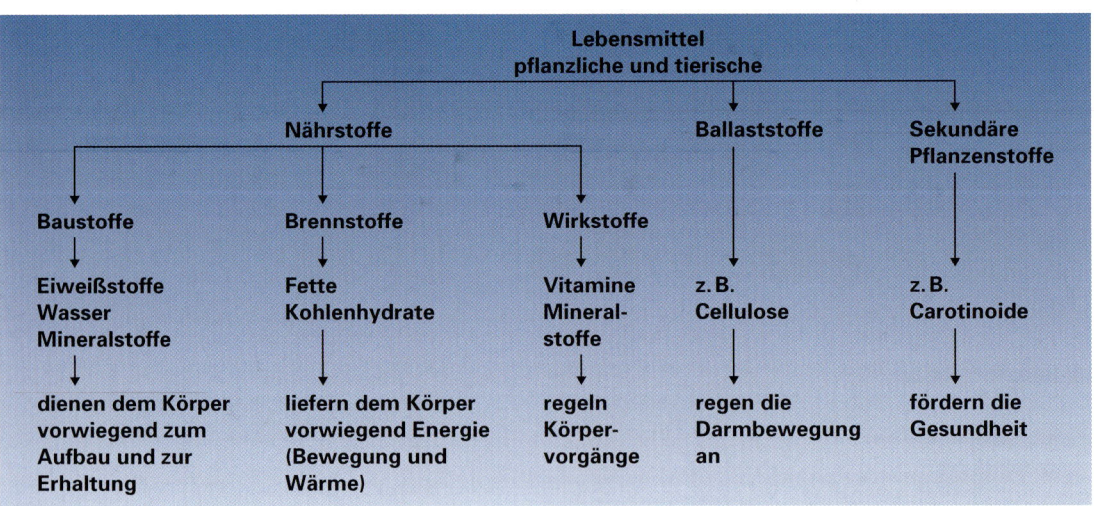

Erläutere Vorkommen und Hauptaufgaben der Nährstoffe.

Vorkommen in Lebensmitteln	Hauptaufgaben im menschlichen Körper

Kohlenhydrate

Brennstoffe liefern Energie

Fette

Eiweißstoffe

Baustoffe ermöglichen Aufbau und Erhaltung

Wasser

Vitamine und Mineralstoffe

Wirkstoffe regeln Körpervorgänge

Den Nährstoffen auf der Spur

Wir finden mit Experimenten Antworten auf unsere Frage

① Wir entwickeln eine Fragestellung

Z. B.: Welche Nährstoffe sind in den verschiedenen Lebensmittelgruppen der Ernährungspyramide enthalten?

▶ Traubenzucker?
▶ Fett?
▶ Vitamin C?

▶ Stärke?
▶ Eiweiß?
▶ usw.?

③ Wir führen die Versuche durch

Der Versuchsaufbau wird beschrieben.

Die Ergebnisse werden notiert.

In Getreide sind folgende Nährstoffe: ?

In Kartoffeln sind folgende Nährstoffe: ?

usw.?

② Wir suchen nach Experimenten, mit denen wir die Fragestellung beantworten können, z. B.:

Welche Teststäbchen gibt es für den Nährstoffnachweis?

Welche Chemikalien haben wir für den Nährstoffnachweis?

Wie werden die Versuche durchgeführt?

④ Auswertung der Versuchsergebnisse

Die Ergebnisse werden verglichen und ausgewertet, z.B.:

Welche Nährstoffe nehmen viel „Raum" in der Ernährungspyramide ein?

Wir diskutieren die Folgen unserer Erkenntnisse, z.B.: In der Ernährung sollten wir besonders (????) berücksichtigen.

Kohlenhydratnachweis

Stärkenachweis

1. Halbiere eine Kartoffel.
   Gib auf die Innenseite der
   Kartoffel einen Tropfen
   Jodkaliumjodidlösung.
   Beobachte die Farbänderung.

2. Überprüfe den Stärkegehalt
   folgender Lebensmittel:
   a) Obstsaft,
   b) Milch,
   c) Weizenmehl in Wasser,
   d) Apfelscheibe,
   e) weitere Lebensmittel.

Traubenzuckernachweis

1. Gib 1 TL Traubenzucker
   in ein Glas mit Wasser.
   Halte ein Glukoseteststäbchen
   in die Flüssigkeit.
   Beobachte die Farbänderung.

2. Überprüfe den
   Traubenzuckergehalt
   folgender Lebensmittel:
   a) Obstsaft,
   b) Sultaninen in Wasser,
   c) Milch,
   d) geriebene Kartoffel,
   e) weitere Lebensmittel.

3. Übertrage die Tabelle
   in dein Heft.
   Trage die
   Versuchsergebnisse in
   die Tabelle ein.

Stärkenachweis mit Jodkaliumjodid

- Stärke kann mit
  Jodkaliumjodid
  nachgewiesen werden.
- Bei Anwesenheit von Stärke
  tritt eine Blaufärbung ein.

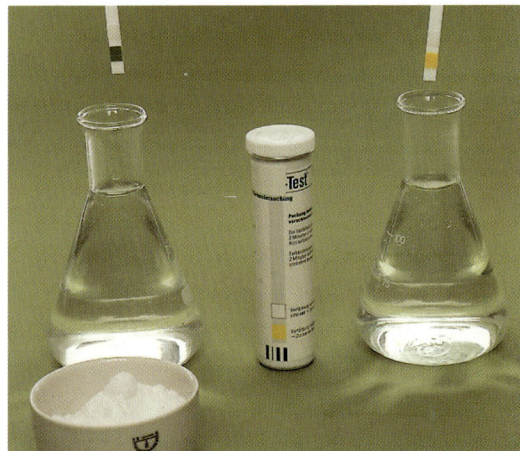

Teststäbchen mit und ohne Traubenzucker

Lebensmittel	Nährstoffe
Getreide	?
Kartoffel	?
Gemüse	?
usw.	?

Traubenzucker (Glukose)
kann mit Teststäbchen
nachgewiesen werden.

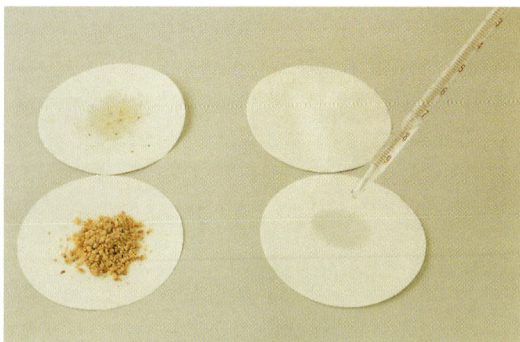

Löschpapier mit Fettfleck

Größere Fettmengen in Lebensmitteln können mit einem Stück Fließpapier (Löschpapier) durch einen Fettfleck nachgewiesen werden.

Vitamin C in der Garflüssigkeit

- **Vitamin C kann mit Teststäbchen nachgewiesen werden.**
- **Unterschiedliche Farbänderungen der Teststäbchen kennzeichnen den jeweiligen Vitamin-C-Gehalt der Lebensmittel.**
- **Die Farbänderungen der Teststäbchen werden in der Gebrauchsanweisung erläutert.**

Fettnachweis

1. Verreibe 1 TL gemahlene Haselnüsse auf einem Stück Löschpapier.

2. Gib einige Wassertropfen auf ein anderes Stück Löschpapier. Lass die Löschpapiere 10 Minuten liegen. Betrachte diese anschließend gegen das Licht.

3. Überprüfe den Fettgehalt folgender Lebensmittel:
   a) Banane,
   b) hart gekochtes Eigelb,
   c) Wurst,
   d) Sahnequark,
   e) Pommes frites,
   f) weitere Lebensmittel.

Vitamin-C-Nachweis

1. Gare je 1 kg Kartoffeln mit ¼ l Wasser als
   a) Salzkartoffeln,
   b) Pellkartoffeln.
   Prüfe die Garflüssigkeit von Salzkartoffeln und Pellkartoffeln jeweils getrennt mit einem Vitamin-C-Teststäbchen. Beobachte die Farbänderungen. Ermittle den Vitamin-C-Gehalt beider Garflüssigkeiten mithilfe der Farbskala.

2. Überprüfe mit Teststäbchen den Vitamin-C-Gehalt von
   a) Paprika,
   b) Kiwi,
   c) Orangensaft,
   d) Orangensaft mit Vitamin-C-Zusatz,
   e) Radieschen,
   f) weiteren Lebensmitteln.

Eiweißnachweis

1. Koche Salzkartoffeln.
   Betrachte danach die
   Garflüssigkeit.
   Welche Veränderung ist eingetreten?

2. Notiere weitere Lebensmittel,
   bei denen Eiweiß durch Hitze gerinnt.

3. Gib etwas Milch in ein
   Glasgefäß. Füge ein paar Tropfen
   Zitronensaft hinzu.
   Welche Veränderung ist eingetreten?

4. Notiere weitere Lebensmittel,
   bei denen Eiweiß durch Säurezusatz
   gerinnt.

5. Gib etwas Milch in ein
   Glasgefäß. Halte ein
   Eiweißteststäbchen in die Milch.
   Beobachte die Farbänderung.

Hinweis: Die Farbreaktion der
Teststäbchen wird jeweils in der
Gebrauchsanweisung erläutert.
Hier färbt sich das Teststäbchen
von Gelb nach Grün.

6. Überprüfe den Eiweißgehalt
   folgender Lebensmittel mit
   Eiweißteststäbchen:
   a) Milch,
   b) Birnensaft,
   c) etwas Hackfleisch in Wasser,
   d) Garflüssigkeit von Salzkartoffeln,
   e) Zuckerlösung,
   f) weitere Lebensmittel.

7. Ermittle mithilfe der
   Nährwerttabelle weitere
   eiweißreiche Lebensmittel:
   a) pflanzliche,
   b) tierische.

8. Ordne die Nährstoffe den
   verschiedenen Lebensmittelgruppen
   der Ernährungspyramide zu.
   Die Lebensmittelgruppe Getränke
   enthält: ?
   usw. ?

Eiweißnachweis durch Hitze

Eiweißnachweis durch Säure

Eiweißteststäbchen

- Einige Eiweißstoffe gerinnen
  beim Erhitzen. Bei den
  Salzkartoffeln entsteht z. B.
  eine Flockenbildung, das
  Eiweiß wird weiß und fest.
- Andere Eiweißstoffe gerinnen durch
  Säureeinwirkung.
- Eiweiß kann mit Eiweißteststäbchen
  nachgewiesen werden.

Trinkwasser ist das Lebensmittel Nummer 1

Wassergehalt einiger Lebensmittel

Meere bedecken drei Viertel der Erde. Es gibt jedoch nur wenig Trinkwasser. **Aber:**
Der Flüssigkeitsbedarf des Menschen steht an erster Stelle. Man kann wochenlang ohne feste Nahrung, aber nur etwa drei Tage ohne Flüssigkeit leben. Menschen machen einen Hungerstreik, aber keinen „Trinkstreik", dieser wäre schnell beendet.

Wasser erfüllt wichtige Aufgaben im Körper.

Baustoff: Wasser befindet sich in den Zellen, im Blut und in den Lymphen. Der Wasseranteil im menschlichen Körper ist abhängig vom Alter. Beim Neugeborenen ist er mit 80 % am höchsten, beim Erwachsenen beträgt der Wassergehalt etwa 50 bis 60 %.

Lösungs- und Transportmittel: Nährstoffe werden in Wasser gelöst und zu den Zellen transportiert. Die Stoffwechselendprodukte werden danach aus den Zellen zu den Ausscheidungsorganen transportiert.

Wärmeregulation: Bei starker körperlicher Arbeit und heißem Wetter wird Schweiß durch die Schweißporen abgegeben, der Schweiß verdunstet, dadurch wird der Körper abgekühlt.

Täglich sollen Jugendliche und Erwachsene etwa 2,5 Liter Flüssigkeit zu sich nehmen.

Säuglinge und Kinder haben einen verhältnismäßig höheren Flüssigkeitsbedarf als Erwachsene.

Die Flüssigkeitszufuhr erfolgt durch
▶ Getränke,

▶ feste und flüssige Nahrung. Der Wasseranteil in Lebensmitteln beträgt etwa 65 %.

Jugendliche und Erwachsene sollen täglich etwa 2,5 Liter Flüssigkeit zu sich nehmen: ungefähr
● 1,5 Liter mit Getränken
● und 1 Liter mit Speisen.

---

1. Berechne die Flüssigkeitsmenge in ml, die in 160 g Birne enthalten ist.

2. Nenne 5 weitere wasserreiche Lebensmittel.

3. Schreibe auf, was und wie viel du an einem Tag trinkst.

Wasser – wie verwenden wir es richtig?

Lebensmittel kurz und gründlich unter fließendem kalten Wasser waschen. Empfindliche Lebensmittel werden in stehendem Wasser gewaschen.

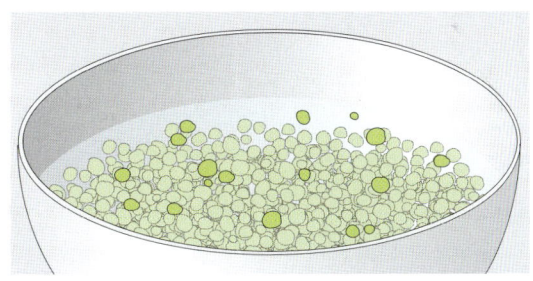

Lebensmittel, denen durch Trocknung Wasser entzogen wurde, z. B. Hülsenfrüchte oder Backobst, zum Aufquellen in Wasser geben.

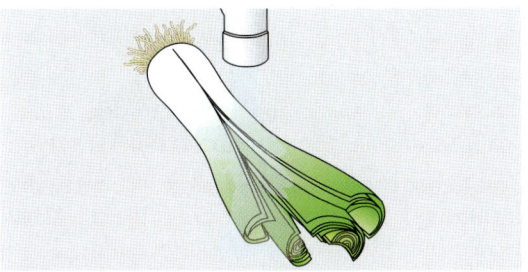

Lebensmittel unzerkleinert waschen und nie im Wasser liegen lassen. So werden nur wenige Nährstoffe herausgelöst.

Geschmacksstoffe, die sich gut verteilen sollen, zusetzen, solange die Speisen noch heiß sind.

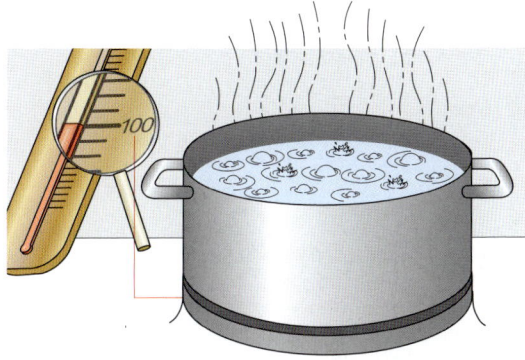

Sobald Wasser siedet, die Wärmezufuhr regulieren. Wasser siedet bei 100 °C (Meereshöhe), es geht bei dieser Temperatur in Wasserdampf über.

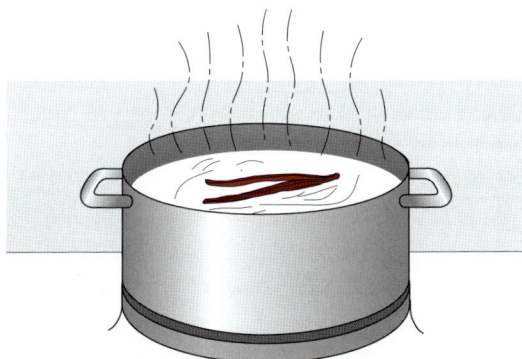

Ist das Herauslösen von Geschmacksstoffen oder Farbstoffen erwünscht, Lebensmittel in heißes Wasser geben oder mitkochen.

1. **Wasser löst heraus**
   Gib jeweils getrennt in ein Becherglas mit kaltem Wasser und in ein Becherglas mit heißem Wasser
   a) Spinatblätter,
   b) ein Stück Zitronenschale.
   Beobachte und vergleiche das Aussehen der Proben.

2. **Wasser lässt aufquellen**
   Gib Backobst oder Hülsenfrüchte in Wasser. Lass sie 12 Stunden stehen.

   Vergleiche danach Aussehen, Beschaffenheit und Menge von eingeweichten und nicht eingeweichten Lebensmitteln.

Bienenhonig besteht zu 70 % aus Traubenzucker und Fruchtzucker. Honig enthält außerdem 7 % Malzzucker und geringe Mengen an Mineralstoffen, Vitaminen und Eiweiß.

Brauner Zucker oder Rohzucker besteht zu 98 % aus Rohr- und Rübenzucker, geringen Mengen an Mineralstoffen und Vitaminen. Durch Reinigung erhält man weißen Haushaltszucker.

Rohrzuckermelasse wird aus Zuckerrohrsaft gewonnen. Neben 68 % Rohrzucker sind Mineralstoffe enthalten.

Dextrose ist eine andere Bezeichnung für Traubenzucker.

Farin oder Farinsirup ist ein feinmehliger brauner Zucker bzw. eine dickflüssige Zuckerlösung. Farin fällt bei der Kandisherstellung an.

Glukosesirup ist industriell aus Stärke hergestellter Traubenzucker mit 16 % Wasser.

Invertzucker ist eine Mischung aus Traubenzucker und Fruchtzucker.

Maltodextrin wird aus Stärke hergestellt, es besteht aus mehreren Zuckerbausteinen.

Malzextrakt wird aus gekeimter und gerösteter Gerste gewonnen, er besteht aus Malzzucker und Maltodextrin.

Zuckerrohr

Kohlenhydrate

Einfachzucker

Einfachzucker bestehen nur aus einem Baustein, es sind die einfachsten Kohlenhydrate.

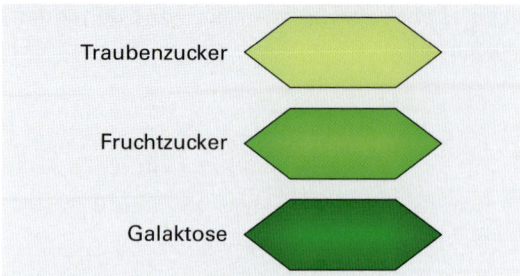

Traubenzucker (Glukose) und Fruchtzucker (Fruktose) sind Einfachzucker, die in Obst, Honig und Süßigkeiten enthalten sind.

Galaktose ist ein Einfachzucker, der in Milch und Milchprodukten vorkommt.

Doppelzucker

Doppelzucker bestehen aus zwei gleichen oder unterschiedlichen Einfachzuckern.

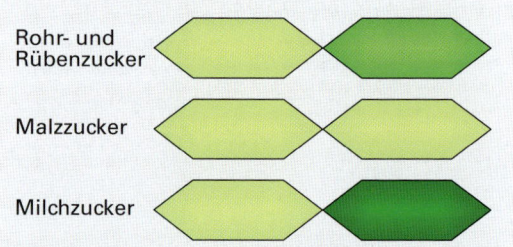

Haushaltszucker, auch **Rohr- und Rübenzucker (Saccharose)** genannt, wird aus Zuckerrüben oder Zuckerrohr gewonnen und ist ein Doppelzucker.

Malzzucker (Maltose) ist in Bier, Gerste und Malzbonbons enthalten.

Milchzucker (Laktose) ist in Milch und Milchprodukten zu finden.

Zuckerrüben

Verwendung von Zucker

▶ Speisen süßen, solange sie heiß sind. Zucker löst sich schneller und besser.

▶ Säurehaltige Speisen erst nach dem Kochen süßen. Auf diese Weise wird weniger Zucker benötigt, die Speisen sind energieärmer.

▶ Zur Herstellung von Karamell und Zuckercouleur Zucker stärker erhitzen. Bei Temperaturen über 100 °C färbt sich Zucker braun, es wird Wasser entzogen.

▶ Karamell dient z. B. bei der Herstellung eines Karamellflammeris, vgl. S. 49, als Geschmacksstoff.

▶ Karamell hat eine geringere Süßkraft als Haushaltszucker.

▶ Pikante Speisen wie Salate, Gemüse, Wildgerichte mit einer Prise Zucker würzen. Der Geschmack wird so ausdrucksvoller.

▶ Konfitüren und Gelees ausreichend Zucker als Konservierungsmittel zusetzen. Zucker bindet freies Wasser. Die Mikroorganismen, die den Verderb bewirken, benötigen freies Wasser zum Leben.

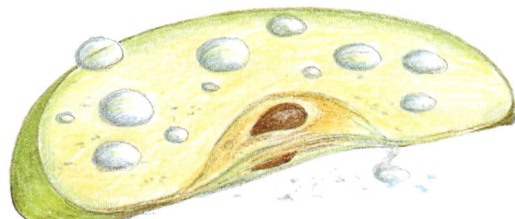

Dem Apfel wird durch Zucker Wasser entzogen

1. Beschreibe die Herstellung eines Karamellflammeris. Erläutere die jeweiligen Veränderungen
   a) des Zuckers,
   b) der Stärke bei der Herstellung.

2. **Zucker – Löslichkeit**
   Gib je einen TL Zucker in ein Becherglas mit
   a) kaltem Wasser,
   b) heißem Wasser.
   Beobachte. Beschreibe die Veränderungen.
   Wann sollen Speisen gesüßt werden?

3. **Stärkeres Erhitzen von Zucker**
   Erhitze 50 g Zucker in einem Topf, bis sich der Zucker dunkelbraun gefärbt hat.
   Es ist Karamell entstanden.
   a) Gieße einen Teil der Masse auf ein gefettetes Pergamentpapier.
   b) Gib die restliche Masse in ¼ l heißes Wasser, rühre um.
   Diese Flüssigkeit nennt man Zuckercouleur (Zuckerfarbe).
   Prüfe die Süßkraft der Zuckerfarbe.

Zucker – Löslichkeit

Stufen der Karamellbildung

Getreidekorn – was steckt alles darin?

Der Getreideanbau ist so alt wie die menschliche Kultur. Die Getreidearten sind kultivierte Gräser.

Getreide deckt weltweit etwa 60 % des Nahrungsbedarfs der Menschen. In den Entwicklungsländern ist Getreide das Hauptnahrungsmittel, in den Industrieländern wird dagegen lediglich ein Viertel des Energiebedarfs durch Getreide und Getreideprodukte gedeckt.

Weizen und Roggen sind bei uns die wichtigsten Brotgetreidearten. **Dinkel** ist die Ursprungsform des Weizens. **Grünkern** – unreif geernteter Dinkel – hat einen nussartigen Geschmack. **Gerste** ist die älteste Getreideart. Sie wird u. a. zum Bierbrauen verwendet. **Reis** ist in Asien Hauptnahrungsmittel, es gibt etwa 8000 Arten. Reis eignet sich besonders für Beilagen und Süßspeisen. **Hirse** ist Hauptnahrungsmittel in Afrika, **Mais** in Teilen von Amerika. Hirse kann vielseitig für süße und salzige Gerichte verwendet werden. Bei einseitiger Maisernährung kann es zu Mangelerscheinungen kommen. **Hafer** ist fettreicher als andere Getreidearten und mineralstoffreich. Hafer kommt besonders in Form von Haferflocken in den Handel. **Buchweizen** gehört nicht zum Getreide, er ist ein Knöterichgewächs.

Im Mehlkörper des Getreidekorns befindet sich Stärke.

Stärke ist ein Vielfachzucker. Die Pflanzen können Stärke aus vielen Einfachzuckern unter Wasserabspaltung bilden. Stärke ist wasserunlöslich, sie kann also nicht aus den Zellen herausgeschwemmt werden. Die Pflanzen können so Kohlenhydrate in Form von Stärke speichern.

Stärke besteht aus unverzweigten oder verzweigten Ketten, die 250 bis 6000 Traubenzuckerreste enthalten.

Stärke wird durch Hitzeeinwirkung, z. B. beim Toasten von Brot, zu **Dextrinen** abgebaut. Dextrine bestehen aus 10 bis 30 Traubenzuckerresten, sie schmecken wenig süß und sind wasserlöslich.

Bau eines Getreidekorns

Lasse Weizenkörner sechs Stunden in Wasser aufquellen.
Zerschneide ein Weizenkorn in Längsrichtung.
Betrachte das Weizenkorn durch eine Lupe.
Welche Bestandteile des Getreidekorns kannst du erkennen?

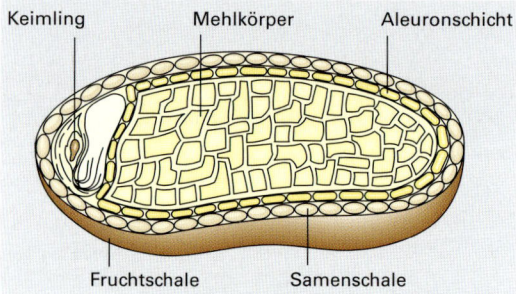

Keimling Mehlkörper Aleuronschicht
Fruchtschale Samenschale

Schnitt durch ein Getreidekorn

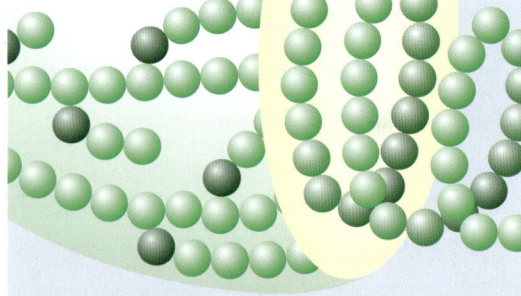

Schnitt durch ein Stärkekorn

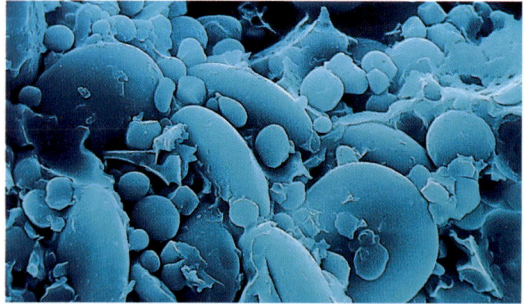

Weizenstärkekörner

Verwendung von Stärke

▶ **Vermeidung von Klumpen**: Stärke oder Mehl zunächst in kaltem Wasser anrühren. Dann unter ständigem Rühren in die kochende Flüssigkeit geben.

Beim **Zubereiten einer Mehlschwitze** Mehl in das heiße Fett geben. Mehl und Fett gut miteinander vermischen, danach unter Rühren kalte Flüssigkeit hinzugeben.

Die Stärkekörner verteilen sich dabei zunächst gleichmäßig in der kalten Flüssigkeit. In der kochenden Flüssigkeit kann die Stärke dann aufquellen und verkleistern.

▶ **Grobe Bindemittel** wie Grieß und Reis direkt in die kochende Flüssigkeit einstreuen. Diese Bindemittel sind so groß, dass sie nicht zusammenklumpen.

▶ **Teigwaren – Nudeln** – in viel kochendes Wasser geben. Die Randschichten verkleistern schneller, die Form bleibt erhalten, die Teigwaren kleben nicht zusammen. Dann gar ziehen lassen.

▶ Stärkehaltige Speisen nach der Zugabe von Säure nicht mehr längere Zeit kochen.

▶ Stärkehaltige Speisen nur mit einem sauberen Löffel probieren. Stärke wird durch Säure und Speichel abgebaut, sie verliert an Bindefähigkeit.

▶ Beim Binden von Soßen und Suppen mit Stärke beachten, dass die Stärke beim Abkühlen der Speisen nachquillt.

Karamellflammeri mit Stärke

Löslichkeit von Stärke

1. Gib 1 TL Stärke in ein Glas mit
   a) kaltem Wasser,
   b) warmem Wasser,
   c) heißem Wasser.

   Vergleiche Aussehen und Beschaffenheit der drei Proben.

   Stelle die jeweiligen Veränderungen fest.

   Beschreibe das Entstehen von Stärkeklumpen.

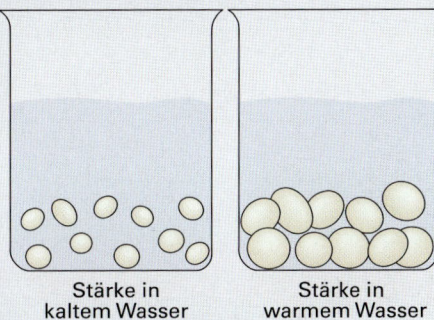

Stärke in kaltem Wasser   Stärke in warmem Wasser

2. Verrühre 1 TL Stärke mit 2 EL kaltem Wasser.

   Bringe in einem Topf ¼ l Wasser zum Kochen.

   Gib die angerührte Stärke unter Rühren in das kochende Wasser.

   Lasse das Ganze kurz aufkochen.

   Beschreibe die jeweiligen Veränderungen der Stärke.

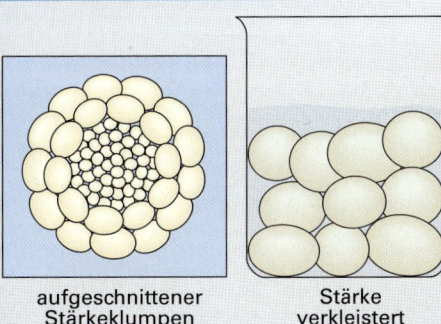

aufgeschnittener Stärkeklumpen   Stärke verkleistert

Ballaststoffe – kein unnötiger Ballast!

Ballaststoffe sind ein wichtiger Bestandteil des Getreidekorns

Gib 5 EL Weizenkleie mit reichlich Wasser in ein Becherglas. Färbe das Wasser mit Tinte. Lass die Probe 30 Minuten stehen. Gieße die Flüssigkeit durch einen Filter ab. Beobachte die Veränderung und suche nach einer Begründung für die eingetretene Veränderung.

In den Schalen des Getreidekorns befinden sich Ballaststoffe, z. B. Cellulose, ein faseriger, fester und wasserunlöslicher Stoff, der das Gerüst der pflanzlichen Zellwände bildet.

Cellulose ist ein unverdaulicher Nahrungsbestandteil. Im menschlichen Körper wirkt Cellulose als Ballaststoff, sie regt die Verdauung an.

Cellulose besteht aus Ketten, die 8000 bis 12 000 Traubenzuckerreste enthalten.

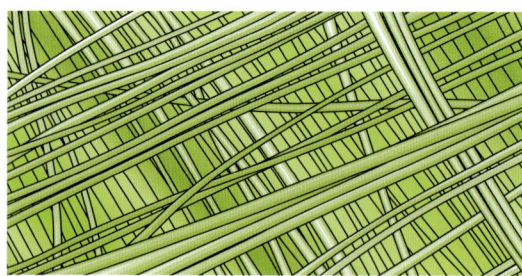

Cellulose

Durch eine ballaststoffreiche Nahrung wird
▶ die Kautätigkeit durch die festere Struktur der Nahrung angeregt;
▶ die Verweildauer im Magen, das Sättigungsgefühl, erhöht;
▶ Verstopfung verhindert – Ballaststoffe quellen im Darm auf und regen die Darmbewegung an;
▶ der Schadstoffgehalt der Nahrung gemindert – Ballaststoffe binden Schadstoffe und senken den Cholesterinspiegel.

Folgende Krankheiten treten bei einer ballaststoffreichen Ernährung seltener auf:
▶ Verstopfung,
▶ Übergewicht, da die Nahrung ein größeres Volumen bei einem geringeren Energiegehalt hat,
▶ Zuckerkrankheit – Diabetes mellitus – und Fettstoffwechselstörungen, da der Blutzuckerspiegel und der Blutcholesterinspiegel weniger belastet werden. Traubenzucker wird verzögert freigesetzt und wird so langsamer aus dem Darm in das Blut aufgenommen.
▶ Es kommt nicht so leicht zu Veränderungen und Entzündungen der Darmwand.

Bestandteile des Getreidekorns		Nährstoffe
Kleie 17%	Frucht-schale, Samen-schale 5%	Ballaststoffe, Mineralstoffe, Vitamine
	Aleuron-schicht 9%	Eiweißstoffe, Mineralstoffe, Vitamine
	Keim-ling 3%	Fette, Eiweißstoffe, Mineralstoffe, Vitamine
Mehl 83%	Mehl-körper 83%	Stärke, Eiweißstoffe (Kleber)

Kohlenhydratbedarfsdeckung

Zwei Drittel unseres Kohlenhydratbedarfs sollten durch Stärke gedeckt werden.

Hierfür eignen sich besonders folgende Lebensmittel: Vollkornprodukte, Kartoffeln, Obst, Gemüse und Hülsenfrüchte.

Obst und Gemüse sollten möglichst oft roh verzehrt werden. In dieser Form sind neben Stärke und Ballaststoffen auch reichlich Vitamine und Mineralstoffe enthalten.

Aufgrund des Ballaststoffgehaltes regen diese Lebensmittel die Darmbewegung an, eine bessere Verdauung ist gesichert. Außerdem werden diese Lebensmittel nicht so schnell verdaut, die Kohlenhydrate werden langsam und gleichmäßig ans Blut abgegeben. Das Sättigungsgefühl hält länger an.

Ein Drittel unseres Kohlenhydratbedarfs kann durch Zucker usw. gedeckt werden.

Aber wir essen zu süß. Unser Geschmacksempfinden „süß" nimmt ab, die Speisen und Getränke werden immer stärker gesüßt.

Bei der Lebensmittelverarbeitung werden auch häufig Ballaststoffe entfernt, übrig bleiben leicht verdauliche, energiereiche Lebensmittel wie Zucker, Brötchen, Kuchen, Süßigkeiten. Diese Lebensmittel enthalten oft kaum Vitamine und Mineralstoffe. Sie haben einen geringen Sättigungswert, sie machen oft hungrig und durstig. So besteht die Gefahr, dass zu große Mengen davon aufgenommen werden. Übergewicht kann die Folge sein.

1. Lies und beurteile die Ernährungsgewohnheiten von Maria.
2. Erläutere Maria, welche anderen Lebensmittel sie auswählen sollte: Anstelle von Brötchen … usw.

Zum Frühstück gibt es Weizenbrötchen mit Konfitüre und Multivitamin-Nektar, der besonders gesund sein soll. Zum zweiten Frühstück isst sie den „kleinen Happen für den großen Hunger zwischendurch". Zur Abwechslung kann es auch mal Joghurtschokolade oder Vitaminbonbons geben.

*Zum Mittagessen ein Burger …
Nachmittags ein Stück Kuchen und ein Glas Cola-Getränk …*

Geeignete Lebensmittel

Ungeeignete Lebensmittel

Aufgaben der Fette im menschlichen Körper

Fette sind konzentrierte Energielieferanten. **1 g Fett liefert im menschlichen Körper 37 kJ,** 1 g Kohlenhydrate dagegen nur 17 kJ.

Fette haben einen höheren Sättigungswert als Kohlenhydrate, fettreiche Speisen verweilen länger im Magen.

Fette sind gleichzeitig ein wichtiger Geschmacksträger in Lebensmitteln. Fettreiche Lebensmittel schmecken oft besser als fettarme. Pommes frites werden z. B. häufig lieber gegessen als Pellkartoffeln.

Bei einer fettreichen Mahlzeit wird dem Körper mit einer geringen Nahrungsmenge eine größere Energiemenge zugeführt. Diese Tatsache ist für Schwerarbeiter sicher vorteilhaft, für alle anderen Menschen jedoch eher ein Nachteil. Diese konzentrierte Nahrungsaufnahme kann leicht zu Übergewicht führen.

Fette dienen als langfristige Energiespeicher. Unterhautfettgewebe und Bauchfett werden auch Depotfett genannt.

Depotfett in geringen Mengen ist für den Körper notwendig.

▶ Es schützt innere Organe vor Stoß und Druck bzw. bewegliche Organe, z. B. die Niere, werden durch das Depotfett in der richtigen Lage gehalten.

▶ Depotfett dient außerdem als Wärmeschutz, dünne Menschen frieren eher.

▶ Depotfett wird zwischen den Mahlzeiten in geringen Mengen zur Energiegewinnung abgebaut.

Depotfett in größeren Mengen – Übergewicht – bedeutet eine zusätzliche Belastung für Herz und Kreislauf. Nehmen wir an, wir müssten eine 20 kg schwere Einkaufstasche in unsere Wohnung im 5. Stock schleppen. Wir sind froh, wenn wir sie dort endlich abstellen können. Übergewicht kann man nicht abstellen, man schleppt es oft jahrelang mit sich herum und schädigt bzw. gefährdet so den eigenen Körper.

Fette sind Träger von fettlöslichen Vitaminen. Die fettlöslichen Vitamine A, D, E und K und auch das Provitamin Carotin – die hauptsächlich in fetthaltigen Lebensmitteln enthalten sind – können nur bei gleichzeitiger Anwesenheit von Fetten aus dem Darm aufgenommen werden.

Fette sind Träger von essenziellen Fettsäuren. Essenzielle – lebensnotwendige – Fettsäuren können im Körper nicht aufgebaut werden, sie müssen mit der Nahrung aufgenommen werden. Essenzielle Fettsäuren sind Bestandteil von allen Zellen. Bei einem Mangel kommt es zu schweren Stoffwechselstörungen. Bei uns ist der Bedarf meist gedeckt.

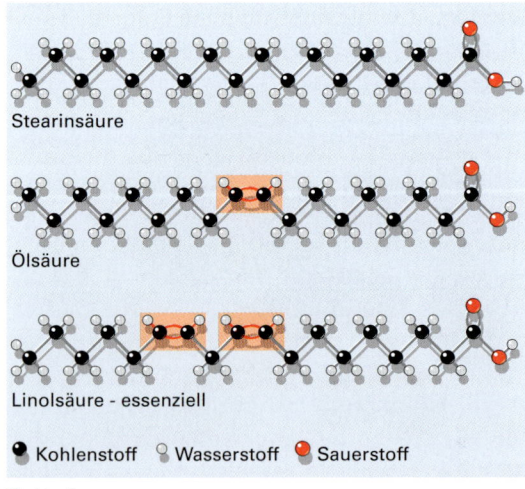

Stearinsäure

Ölsäure

Linolsäure - essenziell

● Kohlenstoff ○ Wasserstoff ● Sauerstoff

Fettsäuren

Wie entsteht aus Sonnenblumenöl Sonnenblumenmargarine?

Fette, z.B. Sonnenblumenöl und -margarine, bestehen aus den Bausteinen Glycerin und drei Fettsäuren.

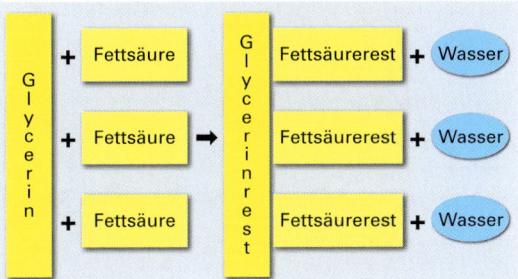

Fettbildung

Fettsäuren bestimmen den Schmelzpunkt: Ob ein Fett bei Zimmertemperatur fest oder flüssig ist, wird durch die Fettsäuren bestimmt.

Gesättigte langkettige Fettsäuren – alle Bindungsarme der Kohlenstoffatome sind mit Wasserstoff abgesättigt – schmelzen zwischen 55 und 70 °C, sie sind bei **Zimmertemperatur fest**.

Mehrfach ungesättigte Fettsäuren – zwei oder mehr Kohlenstoffatome sind nicht vollständig mit Wasserstoff abgesättigt – schmelzen zwischen 5 und 11 °C, sie sind bei **Zimmertemperatur flüssig**.

Sonnenblumenöl besteht zu 60 % aus Linolsäure, einer mehrfach ungesättigten Fettsäure. Sonnenblumenöl ist also bei Zimmertemperatur flüssig. Sonnenblumenmargarine ist dagegen bei Zimmertemperatur streichfähig.

Fetthärtung – aus Öl wird Margarine
Bei der Herstellung von Sonnenblumenmargarine wird ein Teil des Sonnenblumenöls gehärtet, d.h., Wasserstoff wird an die Kohlenstoffatome angelagert. Aus den ungesättigten Fettsäuren werden gesättigte Fettsäuren. Aus Sonnenblumenöl wird Sonnenblumenfett. Diese beiden Bestandteile werden nun wie im Versuch weiter zu Margarine verarbeitet.

1. **Margarine selbst hergestellt**
   Schmelze in einer kleinen feuerfesten Schüssel vorsichtig 60 g Kokosfett und mische dies mit 40 g Sonnenblumenöl. Gib Eisstücke in eine größere Schüssel und stelle die kleinere Schüssel mit dem Fett-Öl-Gemisch hinein. Rühre das Fett-Öl-Gemisch weiter mit einem Handrührgerät. Gib unter Rühren 1 EL Milch und ein Eigelb hinzu. Rühre so lange, bis die Margarine steif ist.

2. Lediglich aus Sonnenblumenöl soll Margarine hergestellt werden. Wie muss ein Teil des Sonnenblumenöls verändert werden?

Speiseölen und -fetten auf der Spur

1. Welche Pflanzen bzw. fettreichen Pflanzenteile sind auf den Fotos abgebildet?

2. Sortiere die folgenden Lebensmittel nach ihrem Fettgehalt. Das Lebensmittel mit dem höchsten Fettgehalt bekommt die Nummer 1.
   a) Mayonnaise,
   b) Chips,
   c) Sahne,
   d) Leberwurst,
   e) Butter,
   f) Schokolade,
   g) Salami,
   h) Speck,
   i) Emmentaler Käse,
   j) Walnüsse,
   k) Sonnenblumenöl.

3. Erkunde das Angebot an Speisefetten und Speiseölen in einem Geschäft.

4. Schreibe Namen von Speisefetten und -ölen auf Karten. Ordne die Karten nach Oberbegriffen. Es gibt viele Einteilungsmöglichkeiten:
   a) fest, flüssig, weich,
   b) tierisch, pflanzlich,
   c) Verwendungsmöglichkeiten
   d) usw.

Fettreiche Lebensmittel	
Nummer 1	?
Nummer 2	?
Nummer 3	?
usw.	?

5. Erstelle eine Mind-Map zum Thema Speisefette und -öle. Unterscheide dabei
   a) feste,
   b) weiche,
   c) flüssige Speisefette und -öle.

Garen mit Fett

▶ **Lebensmittel zum Garen nur gut abgetrocknet in heißes Fett geben.**
Sonst besteht Spritzgefahr.

▶ **Lebensmittel zum Garen in heißes Fett geben. Gartemperatur zunächst prüfen.**
Eiweiß gerinnt bzw. Poren schließen sich schneller, es kann nur wenig Fett ins Gargut eindringen. Der Energiegehalt bleibt niedrig.

▶ **Fett beim Garen sparsam verwenden.**
Fettzusatz erhöht den Geschmackswert von Speisen. Gleichzeitig wird der Energiegehalt erhöht, dies kann zu Übergewicht führen.

▶ **Garen bei höheren Temperaturen:**
Es bilden sich Röststoffe, Aromastoffe, die Garzeit wird verkürzt.

Die Geschmacksverbesserung bzw. kürzere Garzeit ist unabhängig vom Fettzusatz, man kann sie auch durch andere Gartechniken, z. B. Grillen, oder andere Geräte, z. B. beschichtete Pfanne, erreichen.

▶ **Fette lassen sich unterschiedlich stark erhitzen.**
Reine Speisefette und Speiseöle zersetzen sich bei höheren Temperaturen, es entstehen gesundheitsschädliche Dämpfe.

Butter und Margarine enthalten Wasser und Eiweiß. Sie schäumen beim Erhitzen und werden eher braun als eiweißfreie, reine Fette.

▶ **Für Speisen mit**
- **kurzer Garzeit/niedriger Gartemperatur** können Butter, Margarine und kalt gepresste Speiseöle verwendet werden.
- **längerer Garzeit/höherer Gartemperatur** müssen reine Pflanzenfette, z. B. Plattenfette oder Pflanzenöle, evtl. auch Schmalz verwendet werden.

▶ Fette höchstens zwei- bis dreimal zum Frittieren benutzen, da Fette sich durch starkes bzw. mehrmaliges Erhitzen zersetzen.

▶ **Fette können sich selbst entzünden.**
Auf brennendes Fett kein Wasser gießen!

Einen Deckel auf das Gefäß legen, damit die Flamme erstickt.

Übersicht – Eigenschaften und Verwendungsmöglichkeiten

	Pflanzenöle	Butter, Margarine	reine Pflanzenfette, Schmalz
Schmelzbereiche	unter 5 °C flüssige Fette	30–35 °C weiche Fette	35–50 °C feste Fette
	Fette, die unter 37 °C schmelzen, sind leichter verdaulich.		
Zusammensetzung	100 % Fett, reines Fett	wasserhaltiges Fett, Eiweißspuren	100 % Fett, reines Fett
	Bei stärkerem Erhitzen: Wasser spritzt, Eiweiß verbrennt.		
Erhitzbarkeit	190 °C	150 °C	200 °C
	Beim Überhitzen werden Fette zersetzt, es bilden sich gesundheitsschädliche Stoffe. Fette nicht überhitzen. Fette nur zwei- bis dreimal für ein Fettbad verwenden.		
Verwendungsmöglichkeiten	Marinaden, Braten, Grillen, Schmoren, Frittieren, Dünsten	Dünsten, Kurzbraten, Backen, Streichfett	Kurzbraten, Braten, Schmoren, Frittieren, Backen, Streichfett

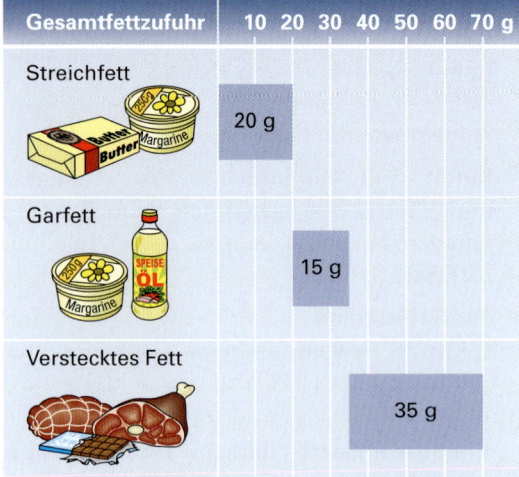

Gesamtfettzufuhr	10	20	30	40	50	60	70 g
Streichfett		20 g					
Garfett				15 g			
Verstecktes Fett						35 g	

Die gleiche Fettmenge, wie sie in einer Hotelportion Butter enthalten ist, finden wir auch in folgenden Lebensmitteln:

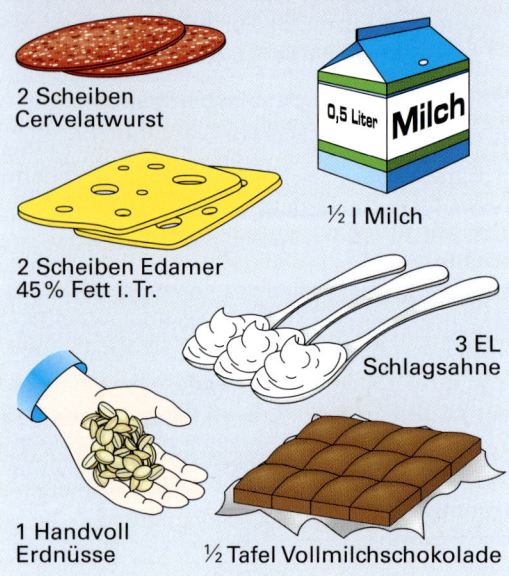

2 Scheiben Cervelatwurst

½ l Milch

2 Scheiben Edamer 45 % Fett i. Tr.

3 EL Schlagsahne

1 Handvoll Erdnüsse

½ Tafel Vollmilchschokolade

Fettbedarfsdeckung

1. Veronika hat einen täglichen Fettbedarf von etwa 70 g. Berate Veronika bei der Auswahl und Zusammenstellung ihrer täglichen Fettaufnahme: Streichfett? usw.

2. Ermittle mithilfe der Nährwerttabelle, in wie viel Gramm
   a) Kartoffelchips,
   b) Fleischwurst,
   c) Erdnüssen,
   d) Vollmilchschokolade
   die täglich erlaubte Menge an versteckten Fetten enthalten ist.

Die tägliche Fettzufuhr setzt sich zusammen aus dem benötigten Streichfett, Garfett (Zubereitung von Speisen) und unsichtbaren „versteckten" Fetten in Lebensmitteln.

Streichfett: Täglich sollten nicht mehr als 20 bis 30 g Butter oder Margarine verwendet werden.

Garfett und Streichfett zusammen sollten nicht mehr als die Hälfte der täglichen Fettzufuhr ausmachen. Gartechniken auswählen, die nur wenig oder keinen Fettzusatz erfordern, z. B. Dämpfen, Grillen, Mikrowelle. Für Salate usw. geringe Mengen hochwertiger Pflanzenöle verwenden.

Fettreiche Lebensmittel möglichst vermeiden, da sonst die Gefahr einer zu hohen Fettzufuhr besteht. Ohne es zu sehen, werden hier versteckte Fette aufgenommen.

Wir nehmen täglich etwa doppelt so viel Fett auf wie benötigt!

Die Deutsche Gesellschaft für Ernährung empfiehlt: täglich höchstens 40 g Streichfett oder Garfett.

Eiweiß ist lebensnotwendig

Eiweiß ist ein wichtiger Bestandteil im menschlichen Körper. Haut, Muskulatur, Haare, alle Bestandteile des Körpers enthalten Eiweiß. In jeder Zelle befinden sich etwa 4000 bis 5000 unterschiedliche Eiweißstoffe, die verschiedene Aufgaben zu erfüllen haben.

Die Körpereiweißstoffe müssen ständig erneuert werden. Bei Kindern und Jugendlichen müssen außerdem für das Wachstum täglich neue Körpereiweißstoffe aufgebaut werden.

Wie verwertet der Körper das Eiweiß?

Eiweiß besteht aus 100 bis mehreren 1000 Aminosäuren, die in immer anderer Reihenfolge miteinander verknüpft sind. Wird z. B. Milch oder ein anderes eiweißreiches Lebensmittel verzehrt, so wird das Eiweiß im Verdauungstrakt in die kleinsten Bausteine – **20 verschiedene Aminosäuren** – zerlegt.

Die Aminosäuren der Eiweißstoffe werden nun beim Aufbau bzw. bei der Erneuerung von Körpereiweiß in einer ganz bestimmten Reihenfolge miteinander verknüpft. Fehlt eine Aminosäure, so kann das Körpereiweiß nicht weiter aufgebaut werden.

Diese Aussage soll an einem Beispiel erläutert werden:

Das Wort Aminosäure soll bei einem Buchstabenspiel geschrieben werden. Ein Spieler beginnt das Wort zu legen: **AMINO**. Jetzt stellt der Spieler fest, dass er kein „S" hat. Obwohl er alle anderen Buchstaben besitzt, kann er das Wort nicht legen.

Acht Aminosäuren sind lebensnotwendig, essenziell

Zwölf Aminosäuren können im menschlichen Körper aus anderen Aminosäuren aufgebaut werden. Die restlichen acht Aminosäuren können nicht aufgebaut werden, sie müssen in ausreichender Menge in der Nahrung, z. B. Milch, enthalten sein. Diese acht Aminosäuren werden deshalb auch **lebensnotwendige – essenzielle – Aminosäuren** genannt.

Biologische Wertigkeit

Nahrungseiweiß wird in unterschiedlichen Mengen zu Körpereiweiß umgebaut.

Milcheiweiß kann z. B. zu einem hohen Anteil in Körpereiweiß umgebaut werden und hat also eine hohe biologische Wertigkeit.

Getreideeiweiß kann dagegen z. B. nur zu einem geringen Anteil in Körpereiweiß umgebaut werden. Getreideeiweiß hat also eine niedrige biologische Wertigkeit.

Wird z. B. Brot mit einem Glas Milch verzehrt, so werden die Aminosäuren der Lebensmittel zusammen aus dem Darm ins Blut aufgenommen und gemeinsam zum Aufbau von Körpereiweiß verwendet. Die Eiweißstoffe ergänzen sich nun gegenseitig.

Eiweißreiche Lebensmittel mit gutem Ergänzungswert

Nahrungseiweißstoffe können sich beim Aufbau von Körpereiweiß gegenseitig ergänzen.

Eigelb und Eiklar trennen

Eischnee schlagen

Unterheben von Eischnee

1. Eine Spargelsuppe wurde mit Eigelb legiert. Was muss beim Aufwärmen beachtet werden?
2. **Lockerungswirkung von Eigelb**
   Mische ein Eigelb mit 1 EL heißem Wasser. Verschlage die Eimasse mit etwas Zucker. Beschreibe die Veränderung.

Eiweiß – Hühnereier

▶ Bei der Herstellung von Speisen mit rohen Eiern darauf achten, dass ganz frische Eier verwendet werden. Bei älteren Eiern steigt die Gefahr der Salmonellenbelastung.

▶ **Eigelb und Eiklar trennen**
Das Eigelb von einer Schalenhälfte in die andere gleiten lassen. Das Eiklar dabei in das darunterstehende Gefäß tropfen lassen. Eier jeweils in ein gesondertes Gefäß aufschlagen.

▶ **Eischnee schlagen**
Das Eigelb sauber abtrennen. Das Gefäß und der Schneebesen müssen ganz sauber und fettfrei sein, sonst wird der Eischnee nicht steif.

Eischnee steif schlagen, bis Spitzen stehen bleiben. Eischnee sofort verwenden, er wird sonst wieder flüssig.

▶ **Unterheben von Eischnee**
Z. B. Eischnee auf die Teigmasse gleiten lassen. Eischnee vorsichtig unterheben, unterziehen. Durch Rühren oder Erschütterung wird das Gerüst im Eischnee zerstört.

▶ **Legieren (Sämigmachen)**
Z. B. Suppen oder Soßen werden zur Verfeinerung legiert.

Arbeitsschritte: Ei trennen. Eigelb mit etwas heißer Flüssigkeit verrühren. Eigelb unter Rühren in die heiße Speise geben. Speise nicht mehr kochen. Das Eigelb gerinnt sonst, es flockt aus.

▶ Rührei oder Eierstich: pro Ei 1 EL Wasser oder Milch zusetzen. Ei bindet Flüssigkeit. Knödel- und Fleischteigen kann Ei als Bindemittel zugesetzt werden.

▶ Mürbe- und Hefeteig vor dem Backen mit Eigelb oder Milch bestreichen, das Gebäck erhält ein ansprechendes Aussehen, es wird goldgelb.

▶ Eine trübe Knochenbrühe kann durch Aufkochen mit Eiklar geklärt werden. Eiklar umschließt schwebende Teilchen und setzt sich als Schaum an der Oberfläche ab.

Eiweißbedarfsdeckung

Der Eiweißbedarf ist abhängig von der Eiweißmenge, die täglich zum Aufbau bzw. zur Erneuerung von Körpereiweiß benötigt wird.

Man unterscheidet zwei Personengruppen

▶ **Personen, die Eiweiß zur Erneuerung und zum Aufbau von Körpereiweiß benötigen:**
Zu dieser Gruppe gehören Jugendliche, Kinder, Säuglinge, Schwangere und Stillende. Beim Betrachten der Tabelle fällt auf, dass der Eiweißbedarf mit zunehmendem Alter sinkt, da die Wachstumsgeschwindigkeit abnimmt.

▶ **Personen, die Eiweiß nur zur Erneuerung von Körpereiweiß benötigen:**
Erwachsene sollten täglich 0,8 g Eiweiß pro kg Körpergewicht aufnehmen.

Ältere Menschen haben einen niedrigeren Energiebedarf als jüngere, der Eiweißbedarf bleibt jedoch unverändert. Ältere Menschen müssen also wie auch Jugendliche auf eine eiweißreiche Kost achten.

Bei der täglichen Eiweißbedarfsdeckung sollte Folgendes beachtet werden:

▶ Nur **ein Drittel** der Eiweißaufnahme sollte durch **tierische Lebensmittel** erfolgen. Eine ausreichende Versorgung mit Milch, Milchprodukten und Seefisch ist neben der Eiweißbedarfsdeckung auch für die Calcium-, Jodbedarfsdeckung usw. notwendig.

▶ Durch **pflanzliche Lebensmittel**, wie Vollkornprodukte, Gemüse, Kartoffeln, Hülsenfrüchte usw., sollten **zwei Drittel des Eiweißbedarfs** gedeckt werden. Pflanzliche Lebensmittel enthalten gleichzeitig Ballaststoffe, die eine Überversorgung mit Energie und Eiweiß verhindern.

▶ Der Eiweißbedarf muss auf jeden Fall gedeckt werden. Eiweiß kann durch keinen anderen Nährstoff ersetzt werden. Eiweiß sollte täglich mit der Nahrung aufgenommen werden, da es nur begrenzt gespeichert werden kann.

▶ Eiweißreiche Lebensmittel enthalten meist gleichzeitig Purine, die bei entsprechender Veranlagung zu Gicht führen.

1. Erläutere die Bedeutung der Eiweißstoffe für Jugendliche.

2. Stelle fest, wie viel unterschiedliche Eiweißstoffe aus nur vier verschiedenen Aminosäuren gebildet werden können.

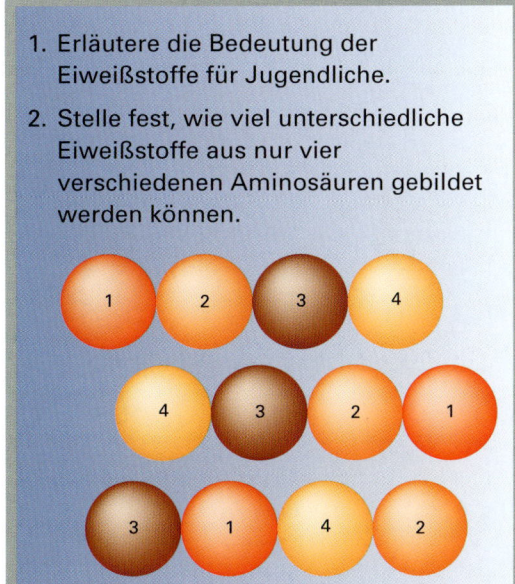

Empfehlenswerte Eiweißzufuhr in g pro kg Körpergewicht

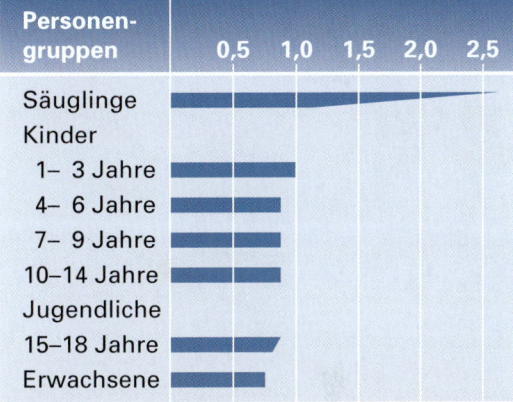

Personengruppen	0,5	1,0	1,5	2,0	2,5
Säuglinge					
Kinder					
1– 3 Jahre					
4– 6 Jahre					
7– 9 Jahre					
10–14 Jahre					
Jugendliche					
15–18 Jahre					
Erwachsene					

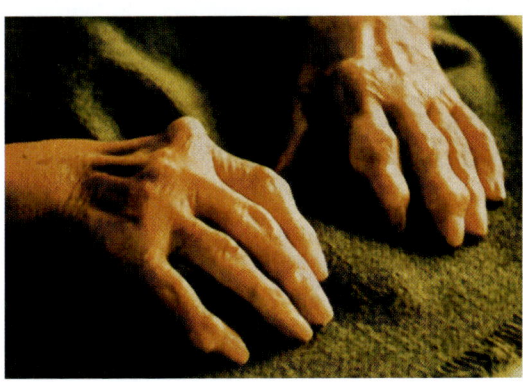

Gicht in beiden Händen

Vitamine – nicht nur in Obst und Gemüse

Vitamin A

Vitamin D

Vitamin C

Vitamin B₁

Vitamin B₂

Vorkommen von Vitaminen in Lebensmitteln

Ermittle mithilfe der Abbildungen, welche Vitamine in den folgenden Lebensmitteln enthalten sind:
a) Getreide und Getreideprodukte,
b) Kartoffeln, c) Gemüse, d) Obst,
e) Hülsenfrüchte, f) Milch, g) Eier,
h) Fleisch, i) Fisch, j) Fette.

Vitamine sind lebensnotwendige organische Nahrungsbestandteile. (Vita heißt Leben.) Vitamine werden nicht oder nur in unzureichender Menge im Körper gebildet. Vitamine wirken in kleiner Menge. Außer bei Vitamin C liegen die Empfehlungen für die tägliche Zufuhr unter 20 mg.

Durch eine vollwertige Ernährung wird der tägliche Vitaminbedarf gedeckt, vgl. Empfehlungen der Deutschen Gesellschaft für Ernährung (DGE), S. 67 f.

Aufgaben der Nährstoffe:
Vitamin A ist wichtig für das Sehen. Die B-Vitamine sind wichtig für den Stoffwechsel der Nährstoffe, z. B die Energiegewinnung. Folsäure wird für den Eiweißstoffwechsel benötigt. Vitamin C schützt vor Krankheiten, vgl. S. 61. Vitamin D bewirkt Kalkbildung in den Knochen. Vitamin E verhindert die Bildung von gefährlichen Stoffen aus ungesättigten Fettsäuren.

Einteilung der Vitamine nach ihrer Löslichkeit

Fettlösliche Vitamine	Wasserlösliche Vitamine
Retinole, A	Thiamin, B₁
Calciferole, D	Riboflavin, B₂
Tocopherole, E	Pyridoxin, B₆
Phyllochinone, K	Cobalamin, B₁₂
	Biotin
	Folsäure
	Niacin
	Pantothensäure
	Ascorbinsäure, C

Vitamin C aus Gemüse und Obst schützt vor Krankheiten

Aufgaben des Vitamin C

▶ Bildung und Erhaltung von Bindegewebe, Knorpel und Knochen.

▶ Steigerung der Eisenaufnahme und -verwertung. Die Sauerstoffzufuhr zu den Zellen wird hierdurch erhöht.

▶ Vitamin C schützt vor Krebs und auch vor Arteriosklerose – Verkalkung.

Die Aufgaben des Vitamin C sind noch nicht vollständig aufgeklärt.

Der Vitamin-C-Bedarf ist erhöht bei

▶ starker körperlicher Belastung,

▶ hoher Flüssigkeitsaufnahme – Alkohol,

▶ einigen Erkrankungen, z. B. Zuckerkrankheit,

▶ Rauchern – bis zu 40 %.

Bei leichtem Vitamin-C-Mangel kommt es zu Gliederschmerzen, Müdigkeit, Reizbarkeit. Außerdem infiziert man sich leichter, z. B. mit Grippe.

Lebensmittel mit reichlich Vitamin C
Die besten Vitamin-C-Quellen sind Obst und Gemüse und aus ihnen frisch hergestellte Säfte – Frischkost ist besser als Tabletten.

Vitamin-C-Verluste bei Lebensmitteln
Die Verarbeitung von Obst und Gemüse führt zu Vitamin-C-Verlusten. Auch längere Lagerung bewirkt Vitamin-C-Verluste.

1. Lies das Fallbeispiel. Ermittle Veränderungen, die bei vollständigem Vitamin-C-Mangel – Skorbut – auftreten.

2. Nenne Speisen, die du mit Vitamin-C-reichen Kräutern aufwerten kannst.

Die gefürchtete Seemannskrankheit – Skorbut – wird in einem Logbuch aus dem Jahr 1541 so beschrieben:
„Eine unbekannte Krankheit begann sich unter uns auszubreiten. Einige verloren all ihre Kraft. Dann schwollen ihre Beine an, die Muskeln schrumpften ein und wurden schwarz wie Kohle. Andere hatten ihre ganze Haut gefleckt, mit blutigen Stellen. Ihre Münder wurden stinkend. Ihr Zahnfleisch wurde so faul, dass alles Fleisch bis zu den Wurzeln der Zähne abfiel und diese beinahe ausfielen. Mit solcher Ansteckungskraft breitete sich die Krankheit aus, dass von 110 Personen, die wir waren, keine zehn gesund blieben."

Tausende starben an Skorbut, ehe man erkannte, dass man die gefürchtete Seemannskrankheit mit Sauerkraut und Zitronensaft heilen konnte.

(nach U. Rückert)

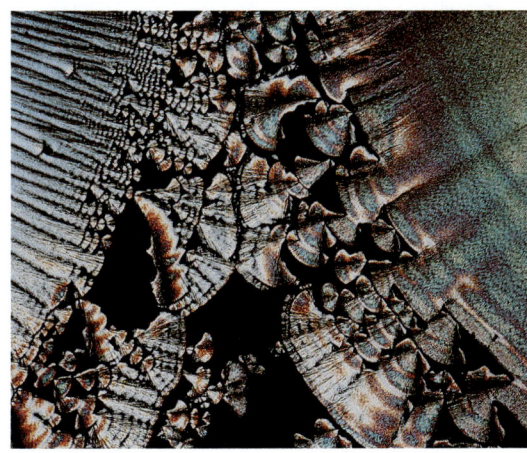

Vitamin-C-Kristalle

Vorkommen von Mineralstoffen in Lebensmitteln

Mineralstoffe – nicht nur in Milch

Ermittle mithilfe der Abbildung, welche Mineralstoffe in den folgenden Lebensmitteln enthalten sind:
a) Getreide und Getreideprodukte,
b) Kartoffeln,   c) Obst,
d) Gemüse,   e) Hülsenfrüchte,
f) Milch und Milchprodukte,
g) Eier,   h) Fleisch,   i) Fisch,
j) Fette.

Mineralstoffe haben unterschiedliche Aufgaben im Körper:

▶ **Baustoffe**
Calcium wird zum Aufbau der Knochen benötigt. Dieser Mineralstoff gibt ihnen die Festigkeit und ermöglicht dadurch die Stützfunktion der Knochen.

▶ **Reglerstoffe**
Natrium und Kalium regeln zusammen mit anderen Mineralstoffen die Eigenschaften der Körperflüssigkeiten, die Gewebespannung. Die Stoffwechselvorgänge in den Zellen können nur bei normaler Gewebespannung ablaufen.

▶ **Bestandteile von wichtigen organischen Verbindungen**
Eisen z. B. ist Bestandteil der roten Blutkörperchen und hier für den Sauerstofftransport verantwortlich. Jod ist Bestandteil der Schilddrüsenhormone, es regelt den Energieverbrauch im Körper.

Bei den Mineralstoffen unterscheidet man nach der täglich benötigten Menge Mengenelemente und Spurenelemente.

Mengenelemente		
Natrium	Chlorid	Phosphat
Kalium	Calcium	Magnesium
Spurenelemente		
Eisen	Cobalt	Mangan
Kupfer	Jod	Molybdän
Zink	Fluor	Selen

Jod ist in Seefisch enthalten

Jod wird im menschlichen Körper zur Bildung der Schilddrüsenhormone benötigt. Die Schilddrüse sitzt rechts und links unter dem Kehlkopf. 100 Liter Blut strömen täglich durch die Schilddrüse und bringen dabei weniger als ein viertel Milligramm Jod in das Drüsengewebe; diese Menge reicht aus.

Ist in der Nahrung zu wenig Jod enthalten, kommt es zur Schilddrüsenunterfunktion, das Stoffwechselgeschehen wird verlangsamt. Die Schilddrüse versucht diesen Mangel auszugleichen, sie schwillt an, es bildet sich ein Kropf.

In Deutschland besteht ein leichter Jodmangel; Schilddrüsenerkrankungen gehören zu den häufigsten chronischen Leiden bei Jugendlichen. Die Jodzufuhr erreicht nur etwa zwei Drittel der empfohlenen Menge.

Deutschland ist das einzige europäische Land, in dem der Gesetzgeber keine Schutzmaßnahmen getroffen hat. Die in der ehemaligen DDR durchgeführte Jodversorgung wurde nach der Wiedervereinigung abgeschafft.

Wie können wir den Jodbedarf decken?

Jod ist in geringen Mengen im Erdboden, reichlicher dagegen im Meerwasser enthalten.

Besonders frischer bzw. tiefgefrorener Schellfisch und Seelachs enthalten reichlich Jod. Fisch aus dem Meer gehört also regelmäßig auf den Speiseplan, er ist der beste Jodlieferant.

Der Jodgehalt der übrigen Lebensmittel und des Wassers ist abhängig vom Jodgehalt des Bodens. Milch und Eier können bei entsprechender Fütterung der Tiere ebenfalls einen geringen Beitrag zur Jodbedarfsdeckung leisten.

Durch jodiertes Speisesalz kann die Jodversorgung gesichert werden, dies ist für Vegetarier unverzichtbar. Jodiertes Speisesalz enthält 25 mg Jod in 100 g Salz.

Wenn Salz, dann jodiertes Speisesalz!

Der Name Jod ist vom griechischen Wort „jodes" – veilchenfarbig – abgeleitet. Joddämpfe sind blauviolett.

Schon mehr als zehn Millionen Bundesbürger leiden unter ganz ähnlichen Beschwerden: Sie verspüren ein eigenartiges Kloßgefühl im Hals, das ihnen die Luft abschnürt, sie sind dauernd erkältet, auch wenn sie sich noch so sehr auf sich achten; sie nehmen ohne ersichtlichen Grund an Gewicht zu, neigen zu trockener Haut und zu Kreislaufbeschwerden. Auch wenn es draußen warm ist, fangen sie plötzlich an zu frieren. Die Ursache ist ein Jodmangel. Bei Jodmangel verlaufen viele Körperfunktionen langsamer.

(nach U. Rückert)

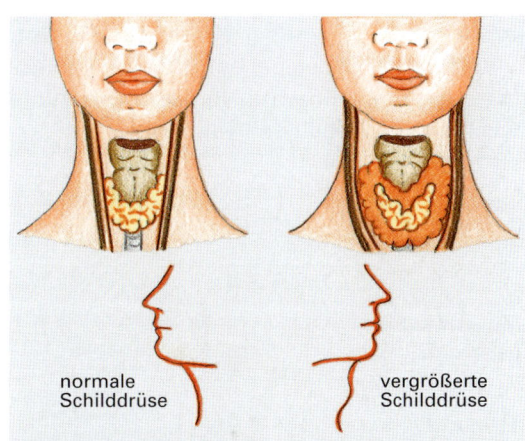

normale Schilddrüse   vergrößerte Schilddrüse

Lage der Schilddrüse

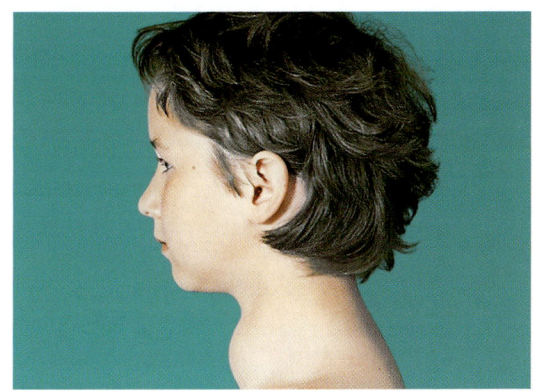

Kropfbildung bei einem Kind

Verdauung

> 1. Beschreibe den Weg der Nahrung durch den Körper.
>
> 2. Kaue eine Weißbrotrinde. Welche Abbauvorgänge werden durch den Speichel bewirkt?

Verdauungstrakt

Im **Mund** wird die Nahrung zunächst durch Beißen und Kauen zerkleinert. Durch Geschmack, Geruch und Aussehen der Speisen wird die **Speichelproduktion** – täglich 1 l – angeregt, „das Wasser läuft uns im Mund zusammen". Durch den Speichel wird die Gleitfähigkeit des Speisebreis erhöht und dadurch das Schlucken ermöglicht. Außerdem haben die Schleimstoffe des Speichels eine Abwehrfunktion gegenüber Krankheitserregern zu erfüllen. Der Speichel enthält auch kohlenhydratspaltende Enzyme. Verdauungsenzyme bewirken den Abbau der Nährstoffe.

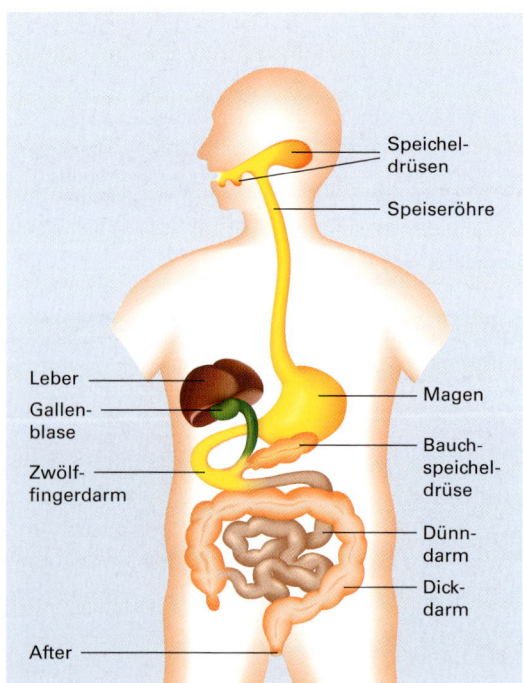

Speichel-drüsen

Speiseröhre

Leber

Gallen-blase

Zwölf-fingerdarm

Magen

Bauch-speichel-drüse

Dünn-darm

Dick-darm

After

Der Verdauungstrakt

Der Speisebrei gelangt durch die Speiseröhre in den **Magen**. Der Magensaft – täglich etwa 2 l – enthält Salzsäure, die den Speisebrei durchsäuert und Mikroorganismen abtötet.

Der Magensaft enthält eiweißspaltende Enzyme. Nach zwei bis acht Stunden wird der Speisebrei Schub um Schub durch den Pförtner aus dem Magen in den Zwölffingerdarm, den oberen Abschnitt des Dünndarms, befördert.

Der **Dünndarm** ist drei bis vier Meter lang. Durch die Darmzotten wird die Oberfläche des Dünndarms auf die Fläche eines Tennisplatzes vergrößert, etwa 180 m².

In den **Zwölffingerdarm** mündet der Ausgang der Bauchspeicheldrüse. Der Bauchspeichel – täglich etwa 1 l – ist der wichtigste Verdauungssaft. Er enthält kohlenhydrat-, fett- und eiweißspaltende Enzyme.

Durch den Gallengang gelangt auch der in der Leber gebildete Gallensaft – täglich etwa 1 l – in den Zwölffingerdarm.

Im **Dünndarm** kommen täglich noch etwa 3 Liter Dünndarmsaft hinzu, der in den Drüsen der Darmwand gebildet wird. Der Darmsaft bzw. die Darmwand enthält eiweiß- und kohlenhydratspaltende Enzyme.

Die Grundbausteine der Nährstoffe werden in den Verdauungssäften gelöst und durch die Darmzotten in die Blutbahnen oder Lymphbahnen aufgenommen und zu den Zellen transportiert.

In den Zellen werden die Nährstoffe zur Energiegewinnung abgebaut oder gespeichert.

Der eigentliche Verdauungsvorgang ist im Dünndarm abgeschlossen.

Im **Dickdarm** werden keine Verdauungssäfte gebildet. Hier werden nur noch Schleimstoffe abgesondert, die die Gleitfähigkeit der unverdaulichen Nahrungsbestandteile erhöhen.

Die unverdaulichen Nahrungsbestandteile, die Ballaststoffe, regen die Darmbewegung an, eine ballaststofffreie Nahrung führt zu Verstopfung.

Abbau der Nährstoffe

Kohlenhydrate werden überwiegend in Form von Stärke, Glykogen, Rübenzucker oder Rohrzucker, Fruchtzucker und Traubenzucker verzehrt.

Im Mund wird ein kleiner Teil der verdaulichen **Vielfachzucker** – Stärke und Glykogen – unter Wasseranlagerung langsam zu **Malzzucker** abgebaut.

In der obersten Zellschicht der Dünndarmwand befinden sich Enzyme, die Doppelzucker zu Einfachzuckern abbauen.

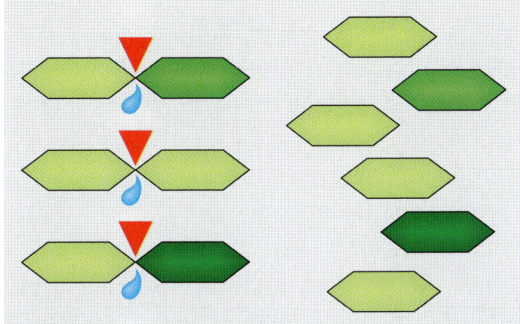

Spaltung der Doppelzucker

Fette werden im Zwölffingerdarm durch Gallensaft emulgiert, in feine Tröpfchen zerteilt. Enzyme spalten dann im Zwölffingerdarm und im Dünndarm die Fette in Glycerin und Fettsäuren.

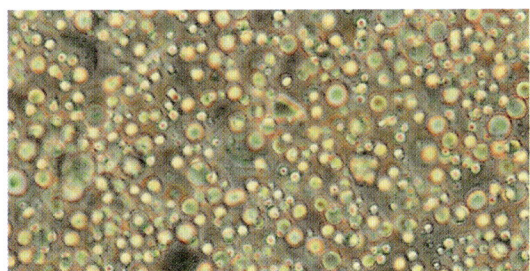

Emulgiertes Milchfett

Eiweißstoffe gerinnen durch die Magensalzsäure, hierdurch wird ihre Oberfläche vergrößert. Die Eiweißstoffe werden dann im Zwölffingerdarm und im Dünndarm in Aminosäuren gespalten.

Einfachzucker, Fettsäuren, Glycerin und Aminosäuren werden nach dem Verdauungsvorgang dem Körper zugeführt.

Verstopfung

Verstopfung ist ein weitverbreitetes Übel, über das nicht gern gesprochen wird.

Verstopfung – der Arzt bezeichnet sie als Obstipation – stellt sich ein, wenn der Darm nicht innerhalb von drei Tagen wenigstens einmal geleert wird. Zwar behauptet der Volksmund, dass man täglich „müssen" solle, tatsächlich aber schwanken die Stuhlgewohnheiten zwischen zweimal am Tag bis zu einmal in drei Tagen – je nach Beschaffenheit der Nahrung und der Beweglichkeit des Menschen.

Völlig unsinnig und sogar gefährlich ist es, eines der zahlreichen „zuverlässig wirkenden" Abführmittel zu schlucken. Auf die Dauer führen sie zur Gewöhnung, die normale Darmtätigkeit verkümmert und man ist bald auf stärkere Mittel angewiesen. Abführmittel können den Darm und den Mineralstoffhaushalt schädigen.

Bei den möglichen Ursachen für Verstopfung steht die falsche Ernährung an erster Stelle. Wichtig ist, dass die Kost ausreichend Ballaststoffe, also unverdauliche Nahrungsbestandteile, enthält. Erst ein prall gefüllter Darm regt den Entleerungsreflex an. Deswegen muss man dafür sorgen, dass die Nahrung ein bestimmtes Volumen hat. Getreidespeisen aus vollem Korn, Breie, Müsli, Vollkornbrot regen die Darmtätigkeit an. Zur gesunden Ernährung gehören auch Gemüse, Obst, Joghurt und eine ausreichende Flüssigkeitszufuhr.

Bewegungsmangel spielt bei Verstopfung ebenfalls eine bedeutende Rolle. Wer tagsüber am Schreibtisch sitzt, muss für Ausgleich sorgen, gymnastische Übungen und Sport haben sich bewährt.

(U. Rückert)

Wie viel Energie und Nährstoffe benötige ich?

1. **Wer bekommt die größte Portion?**
   Wer hat den höchsten Energiebedarf –
   bei gleichem Körpergewicht:
   a) ein Junge, 13 Jahre,
   b) ein Mädchen, 13 Jahre?

2. Nenne Freizeitbeschäftigungen
   a) mit einem hohen Energiebedarf,
   b) niedrigen Energiebedarf.

3. Benenne den Energiegehalt
   von jeweils 10 g
   a) Eiweiß,
   b) Fett,
   c) Kohlenhydraten.

4. Ermittle mithilfe der
   Tagesleistungskurve, vgl. S. 80,
   die Tageszeiten mit deiner höchsten
   Leistungsbereitschaft.

Der Gesamtenergiebedarf einer Person setzt sich zusammen aus:

Grundumsatz und Leistungsumsatz.

Als **Grundumsatz** (Ruhe-Nüchtern-Umsatz) bezeichnet man die Energiemenge, die ein Mensch durchschnittlich benötigt

▶ bei völliger Ruhe,

▶ 12 Stunden nach der letzten Nahrungsaufnahme,

▶ leicht bekleidet – in einem Raum mit einer Temperatur von 20 °C.

Der Grundumsatz pro kg Körpergewicht sinkt mit zunehmendem Alter, da sich Stoffwechselvorgänge, z. B. die Atmung, verlangsamen.

Der Grundumsatz steigt mit zunehmender Größe und höherem Gewicht, da mehr Zellen versorgt werden müssen.

Außerdem wird der Grundumsatz durch Stress, Krankheiten und das Geschlecht beeinflusst. Frauen haben einen niedrigeren Grundumsatz als Männer.

Der **Leistungsumsatz** ist die Energie, die über den Grundumsatz hinaus benötigt wird. Der Leistungsumsatz wird vor allem durch Muskelarbeit und geistige Arbeit in der Schule, in Beruf und Freizeit bestimmt. Es gibt körperlich anstrengende Berufe, z. B. Bauarbeiter, und weniger anstrengende, z. B. Büroangestellte. Der Leistungsumsatz dieser Personen ist daher unterschiedlich.

Auch für die Wärmeregulation und für die Verdauungstätigkeit wird Energie benötigt.

Der **Gesamtenergiebedarf** einer Person wird im Wesentlichen durch den Grundumsatz bestimmt. Für die Leistungen im Schulunterricht wird z. B. kaum zusätzlich Energie benötigt, auch wenn man sich in der Pause „völlig fertig" fühlt, dies ist reine Nervensache.

Viele Jugendliche leiden unter Übergewicht, manche unter Untergewicht. Wir bewegen uns zu wenig. Geräte erleichtern die Arbeit, Verkehrsmittel ersparen uns Wege. Vor allem am Wochenende wird oft zu viel gegessen.

2.2 Zusammenhang zwischen Gesundheit und Ernährung

Vollwertig essen und trinken nach den 10 Regeln der DGE

1. *Vielseitig essen:* Genießen Sie die Lebensmittelvielfalt. Merkmale einer ausgewogenen Ernährung sind abwechslungsreiche Auswahl, geeignete Kombination und angemessene Menge nährstoffreicher und energiearmer Lebensmittel.

2. *Reichlich Getreideprodukte – und Kartoffeln:* Brot, Nudeln, Reis, Getreideflocken – am besten aus Vollkorn – sowie Kartoffeln enthalten kaum Fett, aber reichlich Vitamine, Mineralstoffe, Spurenelemente sowie Ballaststoffe und sekundäre Pflanzenstoffe. Verzehren Sie diese Lebensmittel mit fettarmen Zutaten.

3. *Gemüse und Obst – Nimm „5" am Tag . . .:* Genießen Sie 5 Portionen Gemüse und Obst am Tag, möglichst frisch, nur kurz gegart, oder auch eine Portion als Saft – idealerweise zu jeder Hauptmahlzeit und auch als Zwischenmahlzeit: Damit werden Sie reichlich mit Vitaminen, Mineralstoffen, Ballaststoffen und sekundären Pflanzenstoffen versorgt. Das Beste, was Sie für Ihre Gesundheit tun können.

4. *Täglich Milch und Milchprodukte, ein- bis zweimal in der Woche Fisch; Fleisch, Wurstwaren sowie Eier in Maßen:* Diese Lebensmittel enthalten wertvolle Nährstoffe, wie Calcium in Milch, Jod, Selen und Omega-3-Fettsäuren in Seefisch. Fleisch ist wegen des hohen Beitrags an verfügbarem Eisen und an den Vitaminen B_1, B_6 und B_{12} vorteilhaft. Mengen von 300–600 g Fleisch und Wurst pro Woche reichen hierfür aus. Bevorzugen Sie fettarme Produkte, vor allem bei Fleischerzeugnissen und Milchprodukten.

5. *Wenig Fett und fettreiche Lebensmittel:* Fett liefert lebensnotwendige (essenzielle) Fettsäuren und fetthaltige Lebensmittel enthalten auch fettlösliche Vitamine. Fett ist besonders energiereich, daher kann zu viel Nahrungsfett Übergewicht fördern, möglicherweise auch Krebs. Zu viele gesättigte Fettsäuren fördern langfristig die Entstehung von Herz-Kreislauf-Krankheiten. Bevorzugen Sie pflanzliche Öle und Fette (z. B. Raps- und Sojaöl und daraus hergestellte Streichfette). Achten Sie auf unsichtbares Fett, das in Fleischerzeugnissen, Milchprodukten, Gebäck und Süßwaren sowie in Fast Food und Fertigprodukten meist enthalten ist. Insgesamt 60–80 g Fett pro Tag reichen.

6. *Zucker und Salz in Maßen:* Verzehren Sie Zucker und Lebensmittel bzw. Getränke, die mit verschiedenen Zuckerarten (z. B. Glukosesirup) hergestellt wurden, nur gelegentlich. Würzen Sie kreativ mit Kräutern und Gewürzen und wenig Salz. Bevorzugen Sie jodiertes Speisesalz.

7. *Reichlich Flüssigkeit:* Wasser ist lebensnotwendig. Trinken Sie ca. 1,5 l Flüssigkeit jeden Tag. Bevorzugen Sie Wasser – ohne oder mit Kohlensäure – und andere kalorienarme Getränke. Alkoholische Getränke nur gelegentlich und nur in kleinen Mengen konsumieren.

8. *Schmackhaft und schonend zubereiten:* Garen Sie die Speisen bei möglichst niedrigen Temperaturen, soweit es geht kurz, mit wenig Wasser und wenig Fett. Das erhält den natürlichen Geschmack, schont die Nährstoffe und verhindert die Bildung schädlicher Verbindungen.

9. *Nehmen Sie sich Zeit, genießen Sie Ihr Essen:* Bewusstes Essen hilft, richtig zu essen. Auch das Auge isst mit. Lassen Sie sich Zeit beim Essen. Das macht Spaß, regt an, vielseitig zuzugreifen, und fördert das Sättigungsempfinden.

10. *Achten Sie auf Ihr Gewicht und bleiben Sie in Bewegung:* Ausgewogene Ernährung, viel körperliche Bewegung und Sport (30 bis 60 Minuten pro Tag) gehören zusammen. Mit dem richtigen Körpergewicht fühlen Sie sich wohl und fördern Ihre Gesundheit.

Lebensmittelempfehlungen der DGE auf einen Blick

1. Stelle die tägliche Lebensmittelauswahl, vgl. Tabelle, durch Lebensmittelsymbole oder eigene Zeichnungen dar.

2 Verteilt in Gruppen die Lebensmittel auf fünf Mahlzeiten.

3. Erläutert eure Mahlzeitenzusammenstellung den Mitschülerinnen und Mitschülern.

4. Übertrage die verschiedenen Menüvorschläge in dein Heft.

5. Vergleiche den Tageskostplan von Mirjam, vgl. S. 69, mit den Empfehlungen der DGE.

Lebensmittel	Verzehrsempfehlungen
Gruppe 1: Getränke	Täglich 1½ l Flüssigkeit, z. B. Wasser, Tee, Kaffee, verdünnte Obst- und Gemüsesäfte
Gruppe 2: Getreide, Getreideprodukte und Kartoffeln	Täglich 4 bis 6 Scheiben Brot (ca. 200 bis 300 g), 1 Portion Reis (gekocht 150 bis 180 g) oder Nudeln (gekocht 200 bis 250 g) oder Kartoffeln (ca. 200 bis 250 g ≙ 4 mittelgroße), Vollkornprodukte bevorzugen
Gruppe 3: Gemüse, Salat	Täglich mindestens 300 g Gemüse, gegart, und 100 g Rohkost/Salat oder 200 g gegart und 200 g roh
Gruppe 4: Obst	Täglich mindestens 2 bis 3 Stück oder 2 bis 3 Portionen Obst (200 g und mehr)
Gruppe 5: Milch und Milchprodukte	Täglich 200 bis 250 g Milch/ Joghurt und 2 Scheiben Käse (50 bis 60 g), fettarme Produkte bevorzugen
Gruppe 6: Fisch, Fleisch, Wurst und Eier	Wöchentlich 1 bis 2 Portionen Seefisch (80 bis 150 g fettarm und 70 g fettreich), wöchentlich 300 bis 600 g Fleisch und Wurst, fettarme Produkte bevorzugen, wöchentlich bis zu 3 Eier
Gruppe 7: Fette (Butter, Pflanzenmargarine oder -öle)	Täglich 15 bis 30 g Butter oder Margarine und 10 bis 15 g Öl, z. B. 2 Esslöffel Butter oder Margarine und 1 Esslöffel hochwertiges Pflanzenöl

Außerdem sollten die Lebensmittel

▶ möglichst wenig verarbeitet und frei von Zusatzstoffen sein.

▶ aus der Gegend stammen und der Jahreszeit entsprechen – ökologischer Anbau.

▶ möglichst frisch und unverpackt sein.

▶ die Bedürfnisse des Einzelnen erfüllen, z. B. Genusswert, Eignungswert.

Tageskostplan: Mirjam, 12 Jahre,
Gesamtenergiebedarf 8500 kJ

Menge	Lebensmittel	Energie		Eiweiß	Fett	Kohlen-hydrate
		kJ	kcal	g	g	g
1. Frühstück						
200 ml	Multivitamin-Nektar	410	98	2	+	22
	Istzufuhr 1. Frühstück	?		?	?	?
2. Frühstück						
60 g	Roggenmischbrot	543	129	4	1	27
10 g	Butter	310	74	+	8	0
125 g	Joghurt, Vollmilch	406	97	6	5	6
150 g	Apfel	315	75	+	+	18
	Istzufuhr 2. Frühstück	?		?	?	?
Mittagessen						
200 g	Nudeln, gekocht	1200	286	10	2	56
30 g	Tomatenketchup	134	32	1	+	7
	Tomatensalat					
10 ml	Essig	2		+	0	+
10 ml	Rapsöl	370	88	0	10	0
140 g	Tomaten (2 Stück)	98	23	1	+	4
	Salz, Pfeffer	0	0	0	0	0
	Istzufuhr Mittagessen	?		?	?	?
Nachmittag						
40 g	Toastbrot, Weizen	436	104	3	2	19
30 g	Nuss-Nugat-Creme	690	164	2	11	15
200 ml	Früchtetee	10	2	0	0	0
	Istzufuhr Nachmittag	?		?	?	?
Abendessen						
40 g	Laugenbrötchen	410	98	3	+	20
10 g	Butter	310	74	+	8	0
30 g	Butterkäse, 60 % Fett i. Tr.	501	119	5	11	+
30 g	Geflügelwurst	140	33	5	2	+
	Istzufuhr Abend	?		?	?	?
Spätmahlzeit						
50 g	Kartoffelchips	1180	281	3	20	21
200 ml	Limonade	410	98	0	0	24
	Istzufuhr Spätmahlzeit	?		?	?	?
	Gesamt-Istzufuhr	?		?	?	?
	Gesamt-Sollzufuhr	8500		75	70	275

Vollwert-Ernährung

Zusammensetzung der Vollwert-Ernährung

25 % frisches Gemüse, Obst

25 % Frischkorn, Rohmilch, Nüsse

milch

50 % erhitzte Kost

Der Mediziner und Ernährungsforscher Werner Kollath begründete 1942 mit dem Buch „Die Ordnung der Natur" die „Vollwert-Ernährung". Er entwickelte ein Wertesystem. Die Lebensmittel sollten so natürlich wie möglich belassen werden: je geringer der Verarbeitungsgrad, desto höher der Wert eines Lebensmittels.

Die Thesen der Vollwert-Ernährung wurden von Koerber, Männle und Leitzmann aktualisiert.

Lebensmittel aus der Region und entsprechend der Jahreszeit

Durch die Verwendung von Lebensmitteln aus der Region sollen umfangreiche Transporte und damit Energieverbrauch, Schadstoffbelastung, Lärmbelästigung sowie Müllerzeugung verringert werden.

Lebensmittel aus winterlichem Unterglasanbau sollen vermieden werden. Treibhausgemüse weist häufig einen höheren Schadstoffgehalt auf. Außerdem wird für die Erzeugung viel Energie benötigt, z.B. für 1 kg Salatgurken werden 5 l Heizöl verbraucht.

Geringer Verarbeitungsgrad

Die Einteilung der Lebensmittel nach Wertstufen erfolgt nach dem Verarbeitungsgrad. Je geringer dcr Verarbeitungsgrad, desto höher ist der Wert eines Lebensmittels.

Bei der Lebensmittelverarbeitung werden häufig wichtige Inhaltsstoffe vermindert, zerstört oder abgetrennt. Beim Reis z.B. wird mit den Randschichten Thiamin – Vitamin B_1 – entfernt. Isolierte Lebensmittelinhaltsstoffe, wie Zucker, sollen möglichst gemieden werden.

Bei der Lebensmittelverarbeitung werden häufig Zusatzstoffe, wie Farbstoffe und Konservierungsstoffe, zugesetzt.

Verarbeitete Lebensmittel belasten außerdem häufig durch ihre Verpackung die Umwelt.

Generell gilt für die Lebensmittelauswahl:

▶ **Zu bevorzugen sind**
- Getreide und Vollkornprodukte,
- Gemüse, Obst, Kartoffeln, Hülsenfrüchte,
- Rohmilch (Vorzugsmilch),
- naturbelassene Fette und Öle,
- Kräuter-, Früchtetee,
- Kräuter und Gewürze.

▶ **Zu meiden sind**
- Auszugsmehle, polierter Reis,
- Zucker,
- Fleisch, Wurst, Fisch, Eier,
- ultrahocherhitzte Milch,
- extrahierte, raffinierte Öle,
- Kaffee, Alkohol, schwarzer Tee,
- Kochsalz.

Die Vollwert-Ernährung kennt keine Verbote, sondern nur Empfehlungen, „minderwertige Produkte" zu meiden.

Ziele der Vollwert-Ernährung

▶ hohe Lebensqualität, besonders Gesundheit

▶ Schonung der Umwelt, Energieeinsparung, Vermeidung von Veredelungsverlusten

▶ Förderung der sozialen Gerechtigkeit – weltweit

Tageskostplan für eine Person – **Vollwert-Ernährung**

1. Lies den Tageskostplan.
   Welche Lebensmittelgruppen sind enthalten?
2. Welche Lebensmittelgruppen sind nicht enthalten?
3. Welche Verarbeitungsverfahren werden bevorzugt?

1. und 2. Frühstück

Frischkornmüsli
3 EL Weizen, grob
    geschrotet, in
2 EL Wasser eingeweicht
4 EL Dickmilch
1   Apfel
1 TL Honig
1 EL gehackte Nüsse

Früchtetee

1 Scheibe Vollkornbrot
1 TL Butter
1   Scheibe Gouda
1   Tomate

Vorzugsmilch

Mittagessen und Nachmittagsmahlzeit

Linseneintopf
 75 g Linsen in
350 g Gemüsebrühe
      über Nacht quellen
      lassen
100 g Kartoffeln
100 g Lauch
 75 g Tomaten
      Majoran, Thymian
  3 EL Sahne
  1 EL Zitronensaft
  1 EL Petersilie

Mineralwasser

Obstsalat
½   Birne
½   Apfel
75 g Honigmelone
75 g blaue Wein-
      trauben
 1 TL Pinienkerne

Frisches Obst oder Gemüse

Abendessen

Bunter Salat
75 g Salatgurke
75 g Tomate
 1   gelbe Paprikaschote
50 g Rettich
 1 EL kalt gepresstes
      Olivenöl
 1 EL Apfelessig
      Kräutersalz
40 g Schafskäse

Apfelpfannkuchen
 1 TL Butter, zerlassen
55 g Dinkel, gemahlen
⅛ l   Milch
1   Eigelb
1   Eischnee
 1 EL Butter zum
      Backen
½   Apfel

Obstsaft

Vegetarische Ernährung

In Deutschland ernährt sich etwa 9 % der Bevölkerung vegetarisch. In der ganzen Welt sind es etwa eine Milliarde Menschen, die meisten allerdings unfreiwillig aus wirtschaftlichen oder klimatischen Gründen.

Die vegetarische Ernährung soll Menschen eine natürliche und gesunde Lebensweise ermöglichen. 1867 wurde in Deutschland die erste vegetarische Vereinigung gegründet.

Vegetarier ist, wer keine Lebensmittel von getöteten Tieren zu sich nimmt, z. B. auch kein Schweineschmalz. Es gibt unterschiedliche Formen des Vegetarismus.

Formen des Vegetarismus
1. **Ovolaktovegetarier** essen neben pflanzlichen Lebensmitteln Produkte von lebenden Tieren: **Milch, Milcherzeugnisse, Eier**.

2. **Laktovegetarier** verzichten zusätzlich auf Eier.

3. **Veganer** verzehren keine Lebensmittel, die von Tieren stammen, auch nicht Milch, Milchprodukte und Honig.

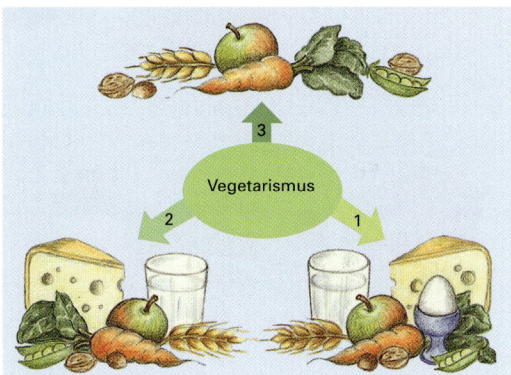

Bewertung der Kostform von (Ovo)laktovegetariern
Ovolaktovegetarier und Laktovegetarier ernähren sich bei richtiger Lebensmittelauswahl gesund. Auf Fleisch und Fisch kann man verzichten, solange Milch und Milchprodukte und evtl. Eier die pflanzliche Nahrung ergänzen.

Getreide, Hülsenfrüchte, Nüsse, Obst und Gemüse bilden die Grundlage dieser gesunden Ernährung.

Vegetarier sind meist gesünder als Nichtvegetarier, sie haben häufig
► **ein geringeres Körpergewicht,**

► **einen niedrigeren Blutdruck,**

► **einen niedrigeren Blutfettspiegel.**

Herz- und Kreislauferkrankungen treten bei dieser Personengruppe aufgrund der Ernährung und der sonstigen gesunden Lebensführung seltener auf.

Vegetarier lehnen meist den Genuss von Alkohol und Nikotin ab und empfehlen körperliche Bewegung.

Bewertung der Kost von Veganern
Veganer, die nur pflanzliche Lebensmittel essen, müssen ihre Kost sehr sorgfältig zusammenstellen. Sonst kann es durch falsche oder einseitige Lebensmittelauswahl zu einer Unterversorgung mit Eiweiß, Vitamin B_{12} und D, Jod, Calcium und Eisen kommen.

Der **Rohkostanteil muss gering gehalten** werden. Gegarte Lebensmittel werden vom Körper besser ausgenutzt. Bei der Zusammenstellung der Speisen ist besonders auf Vollkornprodukte, Hülsenfrüchte, Nüsse, Kartoffeln, Trockenobst und Hefeflocken (enthalten B-Vitamine) zu achten.

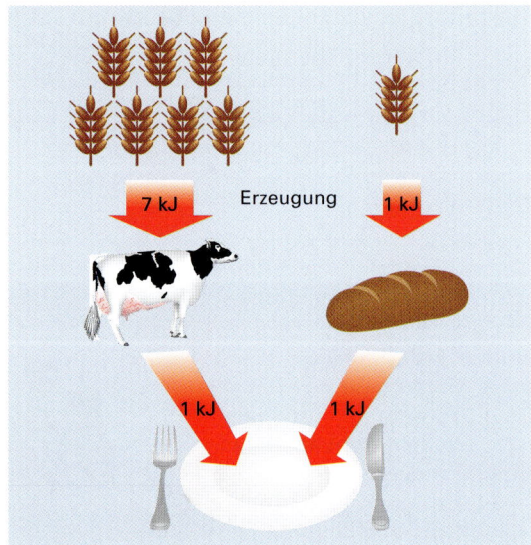

Für die Fleischerzeugung benötigt man im Durchschnitt siebenmal so viel Energie wie für die Erzeugung pflanzlicher Lebensmittel.

Functional Food – funktionelle Lebensmittel

Die Idee für die Schaffung von Functional Food – funktionellen Lebensmitteln – stammt aus Japan. Bereits vor zwanzig Jahren forderte die japanische Regierung, dass funktionelle Lebensmittel entwickelt werden sollten, um die Gesundheit der Bevölkerung zu verbessern und somit die Kosten im Gesundheitswesen zu senken. Auch bei uns werden gesundheitliche Aspekte von den Verbrauchern zunehmend in die Kaufentscheidungen einbezogen.

Begriffserläuterung: Funktionelle Lebensmittel üben zusätzlich zu ihrem Nährwert eine positive gesundheitliche Wirkung aus. Funktionelle Lebensmittel sind keine Tabletten, Kapseln oder Pulver, sondern ganz normale Lebensmittel, die in eine ausgewogene Ernährung passen.

Funktionelle Lebensmittel, die bei uns bereits länger auf dem Markt sind, sind probiotische Milchprodukte. Joghurt z. B. soll den Körper mit Eiweiß und Calcium versorgen, probioti-

scher Joghurt enthält zusätzlich Milchsäurebakterien, die sich vorübergehend im Dickdarm ansiedeln. Hier üben sie einen positiven Einfluss auf die Gesundheit aus. Dieser Joghurt „deckt also nicht nur den Nährstoffbedarf", sondern kann darüber hinaus einen gewissen gesundheitlichen Nutzen bringen. Dies gilt zwar auch für „herkömmlichen Joghurt", bei probiotischen Lebensmitteln tritt der gesundheitliche Aspekt stärker in den Vordergrund.

Für funktionelle Lebensmittel gibt es in der EU bisher keine rechtliche Regelung, rein rechtlich unterscheiden sie sich nicht von herkömmlichen Lebensmitteln oder speziellen Diätprodukten.

Es besteht ein Verbot krankheitsbezogener Werbeaussagen: z. B. „beseitigt, lindert oder verhütet ...". Gesundheitsbezogene Werbeaussagen sind dagegen erlaubt: z. B. „unterstützt die körpereigenen Abwehrkräfte" oder „leistet einen aktiven Beitrag für Ihr Wohlbefinden". Diese Aussagen müssen jedoch wissenschaftlich ausreichend gesichert sein. Lebensmittel dringen somit in den Bereich vor, der bisher Arzneimitteln vorbehalten war.

Einige Stoffe, die den funktionellen Lebensmitteln zugesetzt werden:
► Vitamine A, C und E, deren vorbeugende Wirkung vor Krebserkrankungen und Herz-Kreislauf-Erkrankungen diskutiert wird,

► probiotische – sich im Darm ansiedelnde – Bakterien sollen das Krebsrisiko senken,

► Ballaststoffe und sekundäre Pflanzenstoffe zur Senkung des Blutfett- und Blutcholesterinspiegels.

Funktionelle Lebensmittel

Allein durch den Verzehr funktioneller Lebensmittel kann die Gesundheit aber nicht verbessert werden. Sie stellen lediglich eine mögliche Ergänzung einer gesundheitsbewussten Ernährung dar.

Fast Food

Fast Food ist durch schnellen Service und gleichbleibendes Angebot gekennzeichnet. Als Fast Food werden hauptsächlich Hamburger, Bratwürste, Grillhähnchen, Pizzen, Crêpes, Fleischtaschen, Salate, Cola- und Limonadengetränke angeboten.

Der Umsatz aller Fast-Food-Betriebe erreicht etwa 40 Prozent des gesamten Umsatzes der Gastronomie. Zeitmangel wird als wichtigster Grund für den Verzehr von „Snacks" genannt.

In Fast-Food-Restaurants sind hauptsächlich Jugendliche anzutreffen. Sie gehen in diese Restaurants, um schnell, preiswert und ungestört mit Freunden zu essen.

Allerdings haben sie auch die Erfahrung gemacht, dass Fast Food oft nicht satt macht.

Ahnen sie, dass Fast Food ungesund und die Verpackung/das Einweggeschirr eine unnötige Belastung für die Umwelt ist?

Fast-Food-Produkte werden von Jugendlichen häufig als Zwischenmahlzeit gegessen. Der Energiegehalt der Speisen entspricht jedoch meist dem einer Hauptmahlzeit. Fettgehalt und Salzgehalt der Produkte sind oft sehr hoch, Vitamingehalt, Mineralstoffgehalt und Ballaststoffgehalt dagegen niedrig.

Eine regelmäßige bzw. ständige Einnahme von Fast-Food-Produkten führt zu Gesundheitsstörungen. Gelegentlich kann die „schnelle Mahlzeit" jedoch ohne Schaden verzehrt werden, sie darf aber nicht zur Gewohnheit werden.

Fast-Food-Produkte im Vergleich

Produkte Portion	Energie kJ	Kohlen-hydrate g	Fette g	Eiweiß g	Vitamin B$_1$ (Thiamin) mg	Calcium mg	Eisen mg	Menge g bzw. ml
Currywurst mit Pommes frites	3560	48	62	17	0,6	17	3,4	220
Bratwurst mit Brötchen	2900	27	51	25	0,6	15	1,5	190
Big Mäc mit Pommes frites	3230	79	35	27	0,3	123	4,8	320
Pommes frites mit Mayonnaise	1900	43	27	5	0,2	12	2,4	130
Pommes frites mit Ketchup	1480	46	15	5	0,2	13	2,4	130
Hamburger, einfach	1100	36	7	12	0,1	42	1,6	100
Chef-Salat	1350	3	23	15	0,3	192	1,6	300
Cola-Getränk	550	33	0	0	0,3	10	0,3	330
Milchshake	1630	66	10	10	0,1	380	0,7	400
Vollmilch-joghurt	430	7	6	6	0,1	98	0,1	150

Beachte beim Verzehr:

▶ Den Energie- und Nährstoffgehalt der Speisen und Getränke einschätzen und überlegen, ob es sich um eine Hauptmahlzeit oder Zwischenmahlzeit handelt.

▶ Alternativen zu den Fast-Food-Restaurants berücksichtigen, z. B. gemeinsames Picknick im Freien, Beisammensein mit selbst hergestellten Salaten.

▶ Das heute angebotene alternative Fast Food in Erwägung ziehen, z. B. Vollkornbrötchen anstelle von Soft-Brötchen, Salate, gebackene Kartoffeln anstelle von Pommes frites, Mineralwasser, Milch anstelle von Limonaden- und Cola-Getränken.

▶ Fast Food mit einem geringen Energie-, Fett- und Salzgehalt aussuchen, z. B. Salat.

▶ Den geringen Ballaststoff-, Vitamin- und Mineralstoffgehalt von Fast Food z. B. durch den Verzehr von Salat/Gemüse, frischem Obst, Vollkorn- und Milchprodukten ausgleichen.

▶ Fast Food in Ruhe – nicht im Stehen – essen, nur so wird nicht „über den Hunger" gegessen.

▶ Fast Food mit aufwendiger Verpackung/ Einweggeschirr aufgrund der Umweltbelastung ablehnen.

▶ Fast-Food-Mahlzeiten durch Frühstück und Abendessen in der häuslichen Verpflegung ergänzen: Vollkornbrot, Obst, Gemüse, Milch und Milchprodukte.

1. Vergleiche den Energie- und Nährstoffgehalt der verschiedenen Fast-Food-Produkte mit den Richtwerten für
   a) Zwischenmahlzeiten,
   b) Mittagessen.

2. Untersuche, welche Verpackungsmaterialien in Schnellrestaurants eingesetzt werden.

3. Sammle Rezepte für alternative Zwischenmahlzeiten.

Mädchen (bis 15 Jahre) – Sollzufuhr

Zwischenmahlzeit	Mittagessen
Energie 940 kJ	2820 kJ
Eiweiß 8 g	25 g
Fett 8 g	23 g
Kohlenhydrate 30 g	91 g

Jungen (bis 15 Jahre) – Sollzufuhr

Zwischenmahlzeit	Mittagessen
Energie 1120 kJ	3360 kJ
Eiweiß 10 g	30 g
Fett 9 g	27 g
Kohlenhydrate 36 g	109 g

Das Sandwich erobert jetzt auch den deutschen Fast-Food-Markt

Das dreieckige Sandwich ist der Aufsteiger der letzten Jahre auf dem deutschen Imbissmarkt: Rund 30 Millionen € werden pro Jahr mit dem belegten Sandwich umgesetzt.
Pro Woche werden in Deutschland rund 300 000 der vorgepackten Snacks abgesetzt – mit steigender Tendenz.

Sandwich

Übergewicht

???

Markus, 13 Jahre, ist der dickste Junge in seiner Klasse. Seine Mitschüler und Mitschülerinnen hänseln ihn oft, besonders im Sportunterricht. In solchen Situationen fühlt Markus sich zum Heulen. So allein …! In der anschließenden Pause kauft er sich dann zwei Stück Kuchen und Schokolade.

Seine Mutter kann es nicht verstehen, dass Markus gehänselt wird und oft allein ist. Sie meint: „Markus ist vielleicht etwas pummelig, aber wenn er erst einmal erwachsen ist, wird das bisschen Speck von selbst weggehen." Markus' Mutter ist sehr stolz auf ihren Sohn.

Markus bringt meist sehr gute Noten mit nach Hause, für die es jedes Mal etwas zum Naschen gibt. Aber auch für eine schlechte Note gibt es zum Trösten Schokolade oder ein Eis.

Markus ist es von klein auf gewohnt, allein zu Hause zu sein. Seine Eltern arbeiten den ganzen Tag. Als Markus noch jünger war, brachten seine Eltern ihm jeden Tag etwas Leckeres mit, oder eine süße Überraschung lag nach der Schule auf dem Küchentisch.

Heute braucht Markus nur an den Küchenschrank zu gehen, um sich das, was er mag, selbst zu holen, oder seine Mutter gibt ihm Geld, damit er sich selbst etwas kaufen kann.

Markus' Eltern freuen sich, dass Markus so gut allein zu Hause sein kann. Markus' Lieblingsbeschäftigungen sind Fernsehen oder Computerspiele. Dabei knabbert er dann eine Tüte Chips oder Erdnüsse … hm, das schmeckt.

Wenn seine Eltern wieder einmal später am Abend aus dem Kino nach Hause kommen, bringen sie Markus etwas aus dem Imbiss mit, da sie wissen, dass Markus gern Pommes mit Mayo isst.

Eines Tages beschließt Markus: „Jetzt wird alles anders." …

1. Nenne mögliche Ursachen für das Übergewicht von Markus, die
   a) im Text genannt werden,
   b) dir zusätzlich einfallen.

2. Überlege, welche Auswirkungen das Übergewicht auf Markus' Verhalten hat.

3. Finde eine Überschrift für das Fallbeispiel.

4. Schreibe einen Bericht über das „neue" Leben von Markus und seinen Eltern.

Mögliche Fragen zur Texterfassung:

▶ Durch wen wird das Ernährungsfehlverhalten von Markus mit verursacht?

▶ Durch welche Rahmenbedingungen oder Verhaltensweisen wird das Fehlverhalten ausgelöst oder verstärkt?

▶ Entsteht eine gesundheitliche Gefahr durch das Verhalten?

▶ Durch welche Rahmenbedingungen oder Verhaltensweisen kann dieses Fehlverhalten abgebaut und ein gesundes Ernährungsverhalten verstärkt werden?

Übergewicht führt zu gesundheitlichen Gefährdungen

Knochen und Gelenke werden durch Übergewicht überbeansprucht. Es kann zu Veränderungen an Wirbelsäule, Knien und Füßen kommen.

Bronchien werden anfälliger für Erkrankungen. Die freie Atmung ist beeinträchtigt, es kann leichter eine Bronchitis entstehen.

Herz und Kreislauf werden überbelastet. Herz- und Kreislauferkrankungen, Bluthochdruck können entstehen.

Stoffwechselerkrankungen können durch Übergewicht bzw. Überernährung zum Ausbruch kommen. Zuckerkrankheit, Fettstoffwechselstörungen und Gicht können Folgeerkrankungen sein.

77 % aller Übergewichtigen haben eine Stoffwechselerkrankung bzw. Bluthochdruck.

Unfälle bei der Arbeit und auf der Straße treten bei Übergewichtigen leichter auf, da sie meist langsamer als Normalgewichtige sind.

Seelische Störungen sind häufig eine Folge des Übergewichts, z. B. Komplexe – Minderwertigkeitsgefühle.

Aufgrund dieser Risiken sollte das Gewicht bei Übergewicht reduziert werden.

1. Nenne Gründe, die Jugendliche für die Durchführung einer Reduktionsdiät – Abmagerungsdiät – angeben.

2. Erstelle eine Liste von Situationen, in denen du
   a) wenig,
   b) viel essen möchtest.

3. Nenne Lebensmittel, die anstelle der abgebildeten energiereichen Lebensmittel gegessen werden können. Begründe deine Auswahl.

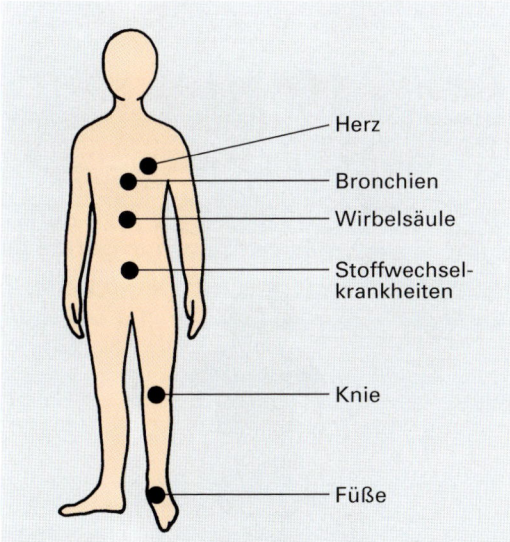

Gesundheitliche Gefährdungen

Sonja wiegt 33 kg und ist 157 cm groß. Zuerst machte sie Diäten, nun trinkt sie nur noch Tee, knabbert am Knäckebrot. Sonja hungert und treibt Sport bis zum Umfallen. Sonja meint: „Ich bin stark, ich kann über meinen Körper bestimmen, ich werde die magische Grenze von 30 Kilogramm erreichen." Die Menstruation ist inzwischen ausgeblieben, in ihrem Körper wird kein Kind wachsen.

Bei einem Familienfest vor einem Jahr haben sich die Verwandten über ihre Pummeligkeit lustig gemacht. Sie wog damals 55 kg bei einer Größe von 155 cm. Sonja ist begabt, in der Schule hat sie keine Schwierigkeiten, in der letzten Zeit kann sie sich allerdings nicht mehr so recht konzentrieren. Die Haare sind dünn und glanzlos geworden. Sonja trägt einen großen Pullover, in den sie ihren Körper einhüllen, ihn schützen kann.

Ihr Vater ist Maurer, ihre Mutter ist Geschäftsführerin in einem Lebensmittelladen. Im letzten Jahr fing Sonjas Vater an zu trinken, inzwischen ist die Ehe geschieden. Sonja hatte sich früher mit ihrem Vater gut verstanden. Jetzt beschimpft er sie immer: „Du bist ja nicht normal; aus dir wird nie etwas; so findest du nie einen Mann ..." Sonja denkt: „Die Frau von heute: erfolgreich, schlank, sportlich und aktiv. Ich nicht?"

Sonja hat sich zurückgezogen. Sie glaubt, sie hätte es leichter, wenn sie ein Junge wäre. Sonja kocht gern für andere. Sie selbst isst wenig. Vom Essen bekommt Sonja Magendrücken.

1. Welche Gründe können bei Sonja zur Magersucht geführt haben?
2. Wie kann Sonja geholfen werden?

Essstörungen

In unserer Gesellschaft hat das Interesse an Jogging, Trimmaktionen und Diäten zugenommen. Gleichzeitig vermitteln uns die Medien den Eindruck, dass Glück und Erfolg vom Erreichen eines übertriebenen „Idealgewichts" abhängen. Drei Viertel der 12- bis 16-jährigen Mädchen hatten bereits das Gefühl, Übergewicht zu haben.

Von einer Essstörung spricht man, wenn Gedanken und Gefühle sich nur noch auf das Essen, den Körper, das Gewicht konzentrieren und das Interesse an Freunden, Familie, Beruf und Schule abnimmt.

Man schätzt, dass etwa 500 000 Personen in Deutschland an Magersucht oder Ess-Brech-Sucht erkrankt sind. Viele Magersüchtige hungern sich zu Tode.

Die Betroffenen brauchen Verständnis außerhalb der Familie, z.B. von Freunden oder in einer Selbsthilfegruppe. Nur mithilfe einer länger dauernden ärztlichen oder sonstigen fachkundlichen Behandlung können Essgestörte langsam wieder gesund werden.

Voraussetzung für die Heilung ist, dass die Essgestörten ihr Essverhalten als Krankheit begreifen und gesund werden möchten.

Kennzeichen der Magersucht

▶ Die Pubertätsmagersucht – 95 % sind Mädchen – fällt in die Entwicklungsstufe, die wir als Übergang zwischen Kindheit und Erwachsensein bezeichnen. Die eigene Sexualität wird abgelehnt.

▶ Es besteht ein Zwang zum Hungern. Eine falsche Einschätzung des Körpergewichts liegt vor. Man ist mager, glaubt aber, man wäre dick. Selbst bei Untergewicht empfindet man sich noch als zu dick.

▶ Die Gedanken kreisen ständig um das Essen.

▶ Die Belastbarkeit ist gering, Fleiß und Ehrgeiz sind extrem hoch, die schulischen Leistungen sind gut.

Die Behandlung

Bei starkem, lebensbedrohlichem Untergewicht werden die Betroffenen in Kliniken verhaltenstherapeutisch behandelt. Normales Essen muss wieder erlernt werden. Die familiären und sonstigen Probleme müssen bewältigt werden.

Heilungschancen sind nur bei ca. einem Drittel der Betroffenen gegeben.

Kennzeichen bei Ess-Brech-Sucht

▶ Verschlingen größerer Lebensmittelmengen. Dabei erfolgt ein wahlloses Durcheinanderessen aller sonst verbotenen „Dickmacher".

▶ Die Heißhungerattacken werden durch selbst herbeigeführtes Erbrechen beendet. Durch das Erbrechen erlernen die Betroffenen, ihr Gewicht zu kontrollieren.

▶ Nach vermehrtem Essen erfolgt der Versuch, wieder abzunehmen. Strenge Diät, Erbrechen, Abführmittel und Entwässerungsmittel werden zur Gewichtsabnahme eingesetzt. Die Betroffenen sind im Teufelskreis zwischen Hungern und Essen gefangen.

Die Behandlung

Je nach Schweregrad der Erkrankung werden die Betroffenen stationär oder in Selbsthilfegruppen behandelt. Nur mithilfe von Fachleuten bestehen Heilungschancen.

Zum Weiterlesen – Maureen Stewart: Essen? Nein, danke!

Rebecca wog jetzt **vierzig Kilo**, jedenfalls heute Morgen hatte sie genau vierzig Kilo gewogen. Zu viel, viel zu viel. Auf jeden Fall zu viel für jemanden, der 165 Zentimeter groß war. Sie konnte die Haut von ihrem Bauch abziehen und das schwabbelige Fett mit den Fingern tasten. Beim bloßen Gedanken daran wurde ihr übel. (…)

Neununddreißig Kilo!

Rebeccas Herz schlug schneller, ihr Blut pulsierte. Sie hatte an diesem einen Tag ein ganzes Kilo verloren. Das Leben war herrlich, es war großartig, endlich hatte sie es geschafft, sie hatte sich unter Kontrolle. Sie hatte alles unter Kontrolle. (…)

Rebecca zählte die Erbsen auf ihrem Teller. Fünfundzwanzig! Wie sollte sie das schaffen, fünfundzwanzig Erbsen zu essen – und dazu noch zwei Röstkartoffeln und Lammbraten mit Unmengen von Bratenfett und Soße. Ihr Hals war wie zugeschnürt.

Vorsichtig schnitt sie ein Stück Lammfleisch in acht Stücke und steckte ein Stück in den Mund. Sie kaute es zwölfmal, bevor sie es herunterschluckte. Zwölf war heute die Zahl. Also wollte sie auch zwölf Erbsen essen und dazu ein Stück Kartoffel zwölfmal durchgekaut. (…)

Vierunddreißig Kilo. Rebecca konnte es kaum glauben. Wunderbar! Sie kroch ins Bett zurück und machte Pläne für den Tag. Sie war geschwächt, aber glücklich. Überglücklich! …

Es muss noch einiges geschehen, bis Rebecca begreift, dass sie dabei ist, sich umzubringen.

Mahlzeitengestaltung

> Beschreibe den Verlauf der
> Tagesleistungskurve bei
> a) drei Mahlzeiten,
> b) fünf Mahlzeiten.

Das erste Frühstück ist das Sprungbrett in den Tag.

▶ Ein gutes Frühstück ermöglicht die Leistungsfähigkeit am Vormittag.

▶ Folgende Grundsätze sollten bei der Einnahme und der Zusammenstellung beachtet werden:

- Rechtzeitig aufstehen, nicht in Eile frühstücken.
- Möglichst oft gemeinsam am ansprechend gedeckten Tisch frühstücken.
- Das Frühstück nicht auslassen, um schlank zu bleiben.
- Nicht immer das gleiche Frühstück anbieten. Es gibt viele Abwechslungsmöglichkeiten: Unterschiedliche Brotsorten, verschiedener Brotbelag, Fruchtsäfte, Obst, Müsli, Milch und andere Milchprodukte können das Frühstück verbessern.

Das zweite Frühstück sollte vitaminreich und mineralstoffreich sein.

▶ Das zweite Frühstück sollte das erste Frühstück in Bezug auf die Nährstoffzufuhr ergänzen. Wurde z.B. mit dem ersten Frühstück wenig Calcium aufgenommen, so müssen nun calciumreiche Lebensmittel, z.B. Milch, ausgewählt werden.

▶ Obst, Gemüse, Milch und Milchprodukte sind besonders geeignet.

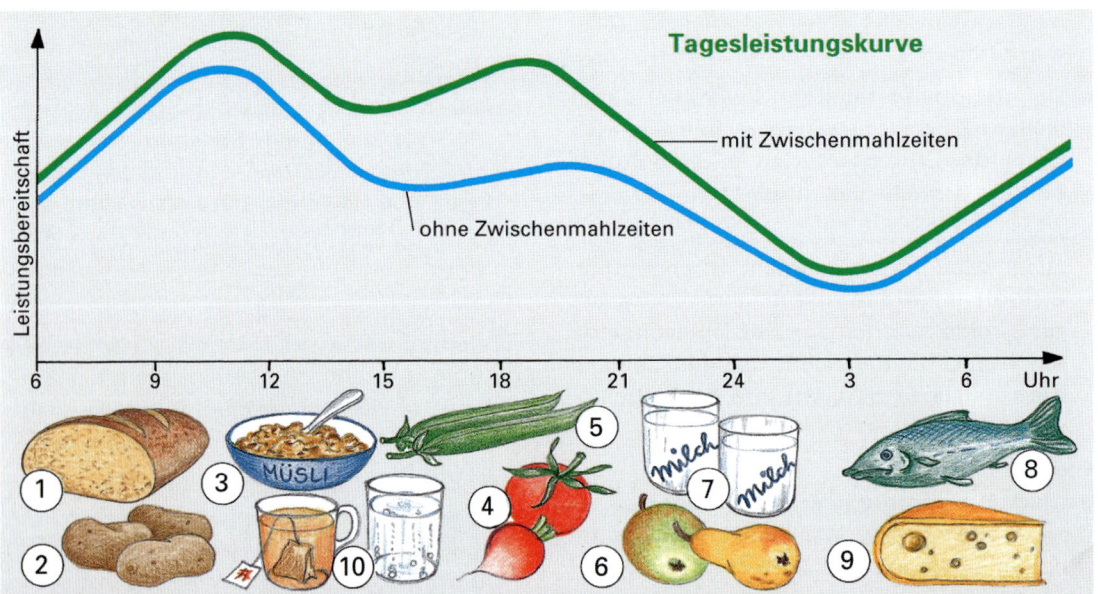

Das Mittagessen ist eine Hauptmahlzeit.

▶ Höchstens ein Drittel der Gesamtenergiemenge sollte mit der Mittagsmahlzeit aufgenommen werden. Große Mahlzeiten erfordern viel Verdauungsarbeit. Die geistige Leistungsfähigkeit lässt nach, da das Gehirn weniger versorgt wird. Eine kleinere Mahlzeit verhilft schneller aus dem Leistungstief.

▶ Die Mahlzeit sollte langsam aufgenommen werden, da sich das Sättigungsgefühl erst nach etwa 15 Minuten einstellt. Es muss nicht aufgegessen werden, das natürliche Sättigungsgefühl geht sonst verloren.

▶ Es muss nicht immer Fleisch sein. Milch, Milchprodukte, Fisch, Hülsenfrüchte und Getreidegerichte sind eine Alternative.

▶ Bei der Zubereitung sollte auf eine sparsame Verwendung von Fett geachtet werden.

Nachmittagsmahlzeit
Fünf kleinere Mahlzeiten sind besser als drei große Mahlzeiten.

▶ Bei fünf Mahlzeiten bleibt die Leistungsfähigkeit besser erhalten, der Körper wird durch die Verdauungstätigkeit nicht so stark belastet.

▶ Die Nachmittagsmahlzeit sollte wie das zweite Frühstück vitaminreich und mineralstoffreich sein.

Das Abendbrot ermöglicht den Ausgleich.

▶ Die Lebensmittel, die bei den anderen Mahlzeiten zu wenig aufgenommen wurden, sollten berücksichtigt werden. Zum Abendbrot könnte es z. B. einen Rohkostsalat und Vollkornbrot geben.

▶ Ist die Familie erwerbstätig, kann abends gemeinsam ein warmes Abendbrot gegessen werden. Ein warmes Abendessen führt nicht zur Gewichtssteigerung, in vielen Ländern isst man abends warm.

▶ Das Abendessen sollte spätestens zwei Stunden vor dem Schlafengehen eingenommen werden, da der Schlaf sonst durch den „vollen Magen" beeinträchtigt werden kann.

Zusammenstellung von Mahlzeiten

▶ Speisen appetitanregend zusammenstellen.

▶ Lebensmittel einer Mahlzeit sollen unterschiedliche Farben haben. Ein Gericht wie Blumenkohl mit Kartoffelbrei und Kalbsgeschnetzeltem wirkt wenig appetitanregend.

▶ Die Lebensmittel sollten unterschiedlichen Geschmack haben, dieser kann besonders auch durch die Zugabe von Kräutern und Gewürzen verstärkt werden. Wenn Salz, dann Jodsalz. Der Eigengeschmack der Speisen soll erhalten bleiben.

▶ Lebensmittel mit unterschiedlicher Struktur auswählen, z. B. Fisch mit weicher Struktur und Rohkostsalat mit fester Struktur. Durch Lebensmittel mit fester Struktur wird ein höherer Sättigungswert erreicht.

● **Essgewohnheiten werden wie andere Verhaltensweisen anerzogen.**
Ernährungsverhalten kann so Folge falscher Essgewohnheiten oder Traditionen sein, z. B.

  – **essen müssen, was auf den Tisch kommt – auch wenn man es nicht mag oder wenn man satt ist,**

  – **nicht essen dürfen, weil es nicht Essenszeit ist – auch wenn man hungrig ist,**

  – **nicht essen, weil man meint, keine Zeit zu haben.**

● **Häufiges Ernährungsfehlverhalten:**

  – **zu hastig essen,**

  – **zu unkontrolliert essen, z. B. vor dem Fernseher,**

  – **unregelmäßig essen,**

  – **statt fünf Mahlzeiten drei, meist mit zu großen Portionen.**

● **Ernährungsfehlverhalten kann Ursache für Krankheiten sein.**

Projekt – Wir eröffnen ein Kartoffelrestaurant

① Vorbereitungsphase

Wir überlegen:

▶ Wo wollen wir unser Restaurant eröffnen?

▶ Wen wollen wir bewirten?

▶ Welche Aufgaben gibt es? Kochen, Schreiben der Speisekarten, Servieren, Abwaschen usw.

③ Durchführungsphase

Unsere Planung wird umgesetzt.

Unser Restaurant wird eröffnet, jeder übernimmt seine gewählte Aufgabe und führt diese durch.

Spielregel: Wer seine eigene Aufgabe erledigt hat, sieht sich um, ob er anderen helfen kann.

② Planungsphase

Wir sammeln Rezepte für einfache und schmackhafte Kartoffelgerichte.

Wir ermitteln die benötigten Arbeitstechniken, Kosten und den Zeitaufwand für die Kartoffelgerichte.

Wir einigen uns auf die Speisekarte und die Arbeitsverteilung usw.

④ Kontrollphase

Wir berichten von unseren Eindrücken während der Planungsphase und der Durchführungsphase.

Wir überlegen:

▶ Was hat uns an unserem Restaurant, unserer Arbeitsweise gefallen?

▶ Was müssten wir verbessern?

3 Nahrungszubereitung und Präsentation

Am Ende dieses Schuljahrs sollt ihr über folgendes Grundwissen verfügen:

- grundlegende Fertigkeiten der Nahrungszubereitung
  (Säubern, Zerkleinern, Abmessen) kennen und anwenden
- einfache Speisen nach Rezept zubereiten

Bringe die Abbildungen der Zubereitung einer Gelbe-Rüben-Apfel-Rohkost
in die richtige Reihenfolge, vgl. auch S. 131.

3.1 Arbeitsplatz Küche

Arbeitsbereiche in der Küche

Betrachte die unten abgebildete Küche:

1. Was gehört zu den verschiedenen Arbeitsbereichen in der Küche?

2. Zeige die verschiedenen Arbeitsbereiche in der Schulküche.

3. Es soll ein Gelbe-Rüben-Eintopf zubereitet werden.
   Lies die Tätigkeiten bei der Zubereitung eines Gelbe-Rüben-Eintopfs. Nenne die Arbeitsbereiche, in denen diese Tätigkeiten durchgeführt werden:
   a) Gelbe Rüben holen?
   b) ?

Tätigkeiten bei der Zubereitung eines Gelbe-Rüben-Eintopfs
Die Gelben Rüben werden aus dem Kühlschrank geholt.
In der Spüle werden sie gewaschen.
Am Arbeitsplatz werden sie geschält.
Dann werden sie eventuell nochmals gewaschen und schließlich in Würfel geschnitten.
Danach werden die Gelben Rüben gegart.

Diese Grundelemente gehören zu den Arbeitsbereichen

▶ **Vorbereitungsbereich**: Arbeitsplatz zwischen Spüle und Herd

▶ **Kochbereich**: Herd und Stellflächen rechts und links davon

▶ **Spülbereich**: Spüle, die Stellfläche rechts davon und die Abtropffläche links davon

▶ **Vorratsbereich**: Kühlschrank und weiterer Schrankraum zum Aufbewahren von Vorräten und Geschirr usw.

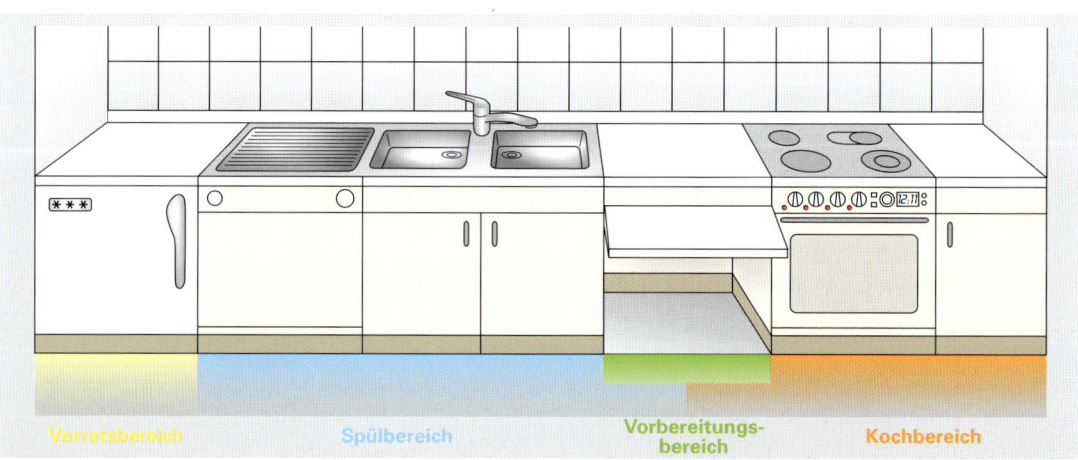

Vorratsbereich   Spülbereich   Vorbereitungs-bereich   Kochbereich

Arbeitsplatzgestaltung

Beim Einrichten des Arbeitsplatzes ist auf den richtigen Arbeitsablauf und die Anordnung der Arbeitsgeräte, Schüsseln usw. zu achten:

▶ Der Teller für den Abfall bzw. das Brett, das zum Zerkleinern benutzt wird, steht direkt vor der arbeitenden Person bzw. rechts daneben.

▶ Die Hände sollen sich beim Arbeiten möglichst nicht kreuzen – sich nicht gegenseitig behindern –, und es soll nicht zu unnötig weiten Bewegungen kommen. Rechtshänder: Die Rohware wird mit der linken Hand gegriffen, also steht sie links.

▶ Der Bewegungsablauf muss dem Menschen angepasst werden. Rechtshänder arbeiten im Allgemeinen von rechts nach links, Linkshänder umgekehrt.

▶ Beide Hände sollten möglichst gleichmäßig benutzt werden, auch wenn die Arbeitshand meist geübter ist.

▶ Die Zahl der Bewegungen möglichst gering halten.

Greifraum – man unterscheidet den inneren und äußeren Greifraum

▶ **Innerer Greifraum:** Gegenstände, die häufig benötigt werden, gehören in den inneren Greifraum. Hier können sie mit gebeugtem Arm bequem erreicht werden, z. B. Brett, auf dem das Obst zerkleinert wird.

▶ **Äußerer Greifraum:** Gegenstände, die nicht so häufig gebraucht werden, gehören in den äußeren Greifraum. Sie können nur mit gestrecktem Arm erreicht werden, z. B. Schüssel für den Obstsalat.

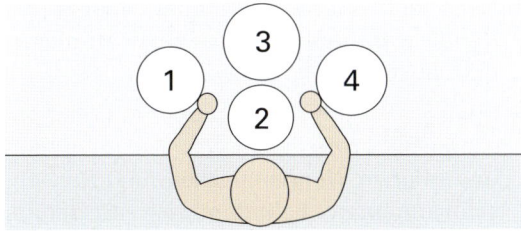

1 Rohware – Obst
2 Schneidbrett
3 Schüssel für geschnittenes Obst
4 Schüssel für Abfall

1. Beide Schülerinnen haben einen Arbeitsplatz für die Herstellung eines Obstsalats eingerichtet. Was wird richtig gemacht? Was wird falsch gemacht?

2. Richte einen Arbeitsplatz ein.

Arbeitsplätze: Herstellen von Obstsalat

☐ innerer Greifraum   ☐ äußerer Greifraum

Hände waschen

Wunden sauber abdecken

Rezept gründlich lesen

Arbeitshygiene

„Hallo Maria, wir hatten gerade Hauswirtschaft. Stell dir mal vor, wie wir nächste Woche zum Unterricht kommen sollen: Wir sollen eine Schürze umbinden. Alle, die lange Haare haben, sollen sie zusammenbinden. Die Hände sollen wir uns waschen, als ob meine sonst schmutzig wären. Ringe dürfen wir nicht tragen ...

Die will uns ärgern, oder siehst du einen Sinn in diesen Vorschriften?"

Vor dem Praxisbeginn

▶ Eine Schürze umbinden. Die Kleidung wird geschützt, und es soll verhindert werden, dass Bakterien von der „Straßenkleidung" auf die Speisen gelangen.

▶ Schmuck ablegen. Armbänder, Ringe und Armbanduhren können zur Gefahr werden.

▶ Lange Haare zusammenbinden. Eventuell eine Kopfbedeckung tragen. Lange Haare und Halstücher können z.B. in elektrische Geräte geraten. Schwere Unfallfolgen sind möglich.

▶ Vor dem Praxisbeginn und nach dem Gang zur Toilette die Hände waschen. Personen – auch eure Mitschülerinnen und Mitschüler – können krank machende Bakterien ausscheiden, ohne dies zu wissen. Bereiten diese nun Speisen zu, ohne sich vorher die Hände zu waschen, können andere dadurch erkranken.

▶ Schnittwunden oder andere Verletzungen müssen mit einem sauberen Pflaster oder Verband abgedeckt sein.

▶ Nach dem Naseputzen oder Husten die Hände waschen. Nicht auf Speisen niesen oder husten.

▶ Speisen nur mit einem sauberen Löffel abschmecken bzw. probieren. Auf eiternden und offenen Wunden, Nasen- und Rachenschleimhäuten befinden sich Bakterien, diese können sich in Speisen vermehren und zu Lebensmittelvergiftungen führen.

Weitere Vorbereitungen
▶ Das Rezept gründlich durchlesen.

▶ Einen Arbeitsplan erstellen.

Den Arbeitsplatz vorbereiten
▶ Lebensmittel genau abwiegen oder abmessen.

▶ Lebensmittel und Geräte bereitstellen.

Wir beginnen mit der Zubereitung
▶ Möglichst im Sitzen arbeiten.

▶ Lebensmittel, soweit möglich, gründlich waschen, da sich Schmutz und evtl. auch Schadstoffe auf der Oberfläche befinden.

▶ Den Abfall auf einem Teller oder in einer Schüssel sammeln.

▶ Nur saubere Geräte für die Speisenzubereitung verwenden.

▶ Fleisch ist besonders häufig mit krank machenden Bakterien behaftet. Durch bereits verwendete Geräte können diese auf andere Lebensmittel übertragen werden und zu Lebensmittelvergiftungen führen.

▶ Lebensmittel erst unmittelbar vor der Weiterverarbeitung zerkleinern.

▶ Lebensmittel abgedeckt und kühl aufbewahren.

▶ Speisen nicht warm halten. Abkühlen und bei Bedarf wieder aufwärmen. Besonders in warmen Speisen, aber auch bei Zimmertemperatur können sich Bakterien schnell vermehren.

▶ Speisen gut, aber mit Bedacht abschmecken.

▶ Speisen ansprechend anrichten und garnieren.

Nun geht es an das Aufräumen
▶ Die Küche nach dem Essen und auch zwischendurch sorgfältig aufräumen und reinigen.

▶ Geschirrtücher und Wischtücher regelmäßig wechseln und waschen.

▶ Arbeitstische nicht als Sitze benutzen.

▶ **Ein Ämterplan** erleichtert auch die Verteilung der Aufräumarbeiten, vgl. S. 9.

Arbeitsplatz vorbereiten

Speisen kühl aufbewahren

Sauberer Löffel zum Probieren

Gemeinsam geht es leichter

Heute gibt es:
Spaghetti mit Hackfleischsoße,
Grünen Salat
Obstsalat

Maria und Stefan sollen das Mittagessen gemeinsam zubereiten.

1. Lies die Rezepte auf Seite 90. genau durch. Informiere dich über die Zubereitung der Speisen.

2. Bereitet den Arbeitsplatz vor: Geräte herrichten, Lebensmittel bereitstellen und abwiegen bzw. abmessen.

3. Bestimmt die Zeit, die für die einzelnen Arbeitsschritte bei der Zubereitung der genannten Speisen benötigt wird.

4. Verteilt die Arbeiten auf zwei Personen. Denkt auch an das Aufräumen und Tischdecken.

5. Ermittle die Gesamtarbeitszeit. Lege den Zeitpunkt fest, wann ihr essen wollt.

6. Bereitet die Mahlzeit nach Plan zu und berichtigt ihn gegebenenfalls.

7. Lies die Bezeichnungen der genannten Zutaten in dem Korb unten links.

8. Ermittle Rezepte aus dem Buch, die mit diesen Zutaten hergestellt werden können.

9. Erstelle für diese Speisen einen Arbeitsplan für zwei Personen.

1 Zwiebel   500 g Tomaten

2 Wiener Würstchen

1 Bund Kräuter

750 g Kartoffeln

1/4 l Milch

1 Banane

Arbeitszeitplan für das Mittagessen

Zeit	Schüler 1	Schüler 2
10 Min.	Zutaten und Geräte bereitstellen	
10 Min.	Wasser mit Salz und Öl aufsetzen	Zitronen auspressen
	?	?
10 Min.	?	?

Planen einer Mahlzeit für zwei Personen

Maria und Stefan bekommen einen Korb mit Lebensmitteln. Sie sollen gemeinsam aus diesen Lebensmitteln eine Mahlzeit für zwei Personen zusammenstellen, zubereiten und den Tisch für die zubereiteten Speisen decken. Tischdecken, vgl. S. 113.

Maria und Stefan wissen: Die vorhandenen Lebensmittel sollen alle verwendet werden. Restmengen, z. B. ½ Gelbe Rübe, dürfen aber übrig bleiben. Gewürze und kleine Mengen an Grundnahrungsmitteln, z. B. Mehl, Stärke, Zucker, Honig, sind im Vorrat.

Informieren
Maria und Stefan werden nun Rezepte suchen, nach denen sie Speisen aus diesen Vorräten herstellen können, vgl. S. 90.

Plan der Durchführung
Nun müssen Maria und Stefan planen, in welcher Reihenfolge sie die Rezepte zubereiten wollen und wer welche Arbeiten dabei übernehmen soll.

Ausführen
Nachdem der Arbeitsplan erstellt worden ist, geht es an die Zubereitung der Speisen.

Aufräumen
Nach dem Essen müssen Maria und Stefan dann die Küche und das Geschirr wieder säubern und alles an seinen „Stammplatz" zurückstellen.

Zum Schluss besprechen Maria und Stefan, was gut geklappt hat bzw. was sie nächstes Mal besser machen wollen.

Variante: Jetzt wird es noch schwieriger
Maria und Stefan bekommen keinen Korb mit Lebensmitteln, sondern eine Personengruppe und eine Mahlzeit vorgegeben, z. B. Jugendliche – Mittagessen.

Maria und Stefan müssen nun für diese Personengruppe eine vollwertige und saisonale Mahlzeit planen und zubereiten.

Von Maria und Stefan ausgewählte Rezepte

Spaghetti

2 l Wasser, 1 TL Salz	und
2 EL Öl	in einen Topf geben. Wasser zum Kochen bringen.
250 g Spaghetti	in das kochende Wasser geben. Herunterschalten, umrühren.
	Spaghetti ohne Deckel gar ziehen lassen. Die Spaghetti sollen noch Biss haben.
	Spaghetti in ein Sieb geben, abtropfen lassen. Spaghetti anrichten.

Hackfleischsoße

1 kleine Gelbe Rübe, 1 Zwiebel	waschen, schälen, fein würfeln.
1 EL Öl	in der Pfanne erhitzen.
125 g Rinderhackfleisch	darin anbraten, das Rinderhackfleisch dabei zerteilen. Zwiebel- und Gelbe-Rüben-Würfel dazugeben, mitbraten.
1 EL Mehl	darüberstreuen, unter Rühren durchschwitzen lassen.
6 EL Wasser	unter Rühren dazugeben. Soße kurz aufkochen, herunterschalten. Mit
1 ½ EL Tomatenmark, 1 Pr. Zucker, Salz, Pfeffer, Thymian, Oregano	abschmecken. Hackfleischsoße anrichten.

Grüner Salat – Kopfsalat

½ Rezept Sahnemarinade Joghurt	mit herstellen, vgl. S. 130.
1 kleiner Kopfsalat	Welke Blätter entfernen, die Blätter vom Strunk lösen, das Herz nicht weiter zerteilen. Salat im stehenden Wasser gründlich waschen, auf einem Sieb abtropfen lassen.
1 EL Kräuter (Dill, Petersilie)	waschen, hacken, unter die Marinade geben. Kurz vor dem Anrichten die Marinade über die Salatblätter geben, mischen.

Erstellung von Arbeitsplänen

▶ Untergliedere den Arbeitsablauf für einzelne Speisen usw. zuerst in Arbeitsschritte. Auch die Dauer der einzelnen Arbeitsschritte muss bestimmt werden.

▶ Überlege bei den einzelnen Arbeitsschritten, ob es sich um Tätigkeitszeiten, z. B. Schälen von Zwiebeln, oder um Wartezeiten, z. B. Garziehen der Spaghetti, handelt.

▶ Durch eine sinnvolle Nutzung der Wartezeiten wird die Gesamtarbeitszeit verkürzt. Wartezeit, z. B. während des Garziehens der Spaghetti, wird für die Zubereitung des Obstsalates genutzt.

▶ Plane den Arbeitsablauf für die Zubereitung der Speisen so, dass möglichst geringe Wartezeiten anfallen. Können die Wartezeiten nicht für andere Zubereitungsarbeiten genutzt werden, so werden sie für Reinigungsarbeiten oder für das Tischdecken eingeplant.

▶ Beachte, dass die Speisen möglichst gleichzeitig fertig werden bzw. Speisen, die noch abkühlen müssen, zuerst zubereitet werden.

▶ Der Arbeitsablauf wird im Allgemeinen mit der Speise begonnen, die die längste Zubereitungsdauer hat.

▶ Aus einer ersten Arbeitsplanung ergibt sich die ungefähre Gesamtarbeitszeit und dadurch die Uhrzeit für den Arbeitsbeginn bzw. für das gemeinsame Essen.

Die Gesamtarbeitszeit entsteht aus
Tätigkeitszeit: eine planmäßige, unmittelbar der Arbeitsaufgabe dienende Tätigkeit, Ausführung der notwendigen Arbeiten.

Wartezeit: eine ablaufbedingte Unterbrechung, z. B. Garen der Lebensmittel, man wartet, bis die Tätigkeit wieder notwendig wird.

Verteilzeit: entsteht durch störungsbedingte oder persönlich bedingte Unterbrechungen, z. B. Nase putzen.

Erholungszeit: dient der Wiederherstellung der Arbeitskraft, z. B. Erfrischungsgetränk zu sich nehmen.

Tätigkeitszeit

... könnte ich die Wartezeit besser nutzen?

Wartezeit

TÜTÜTÜT!

Verteilzeit/Erholungszeit

Lebensmittel richtig auswählen, verarbeiten und lagern

Auswählen von Lebensmitteln

Die Nahrungszubereitung beginnt mit dem Einkauf. Nicht alle Lebensmittel schmecken und sind gesund. Schön verpackte Lebensmittel und viele Fertiggerichte locken mit werbewirksamen Bildern und Markennamen, halten jedoch nicht immer, was sie versprechen. Deshalb ist es wichtig, dass man sich bei der **Auswahl der Lebensmittel auf seine fünf Sinne und seinen Verstand** verlässt. So kann man die Qualität erkennen, die Menge bzw. das Gewicht schätzen sowie das Preis-Leistungs-Verhältnis beurteilen. Im Zweifelsfall gilt:

▶ Vollkornprodukte, frisches ungespritztes Obst und Gemüse, zuckerfreie Getränke, frische Fruchtsäfte, Milch und Milchprodukte bevorzugen.

▶ Fleisch, Fisch, Wurst und Geflügel abwechselnd einkaufen. Zwei bis drei Mal pro Woche genügen.

▶ Nach Möglichkeit mehr pflanzliche als tierische Fette im Vorrat haben und eine fettarme Zubereitung planen.

▶ Großpackungen und Nachfüllpackungen sind meist billiger und verursachen weniger Müll.

Verarbeiten

Bei der Nahrungszubereitung ist darauf zu achten, dass die Nährstoffe erhalten bleiben bzw. dass der Fettgehalt nicht zu stark erhöht wird.

Die Lebensmittel werden zunächst gut gesäubert, evtl. geputzt und zerkleinert.

Durch Erhitzen und Garen werden krank machende Mikroorganismen, z.B. Salmonellen, abgetötet und die Speisen werden leichter verdaulich. Beim Garen wird jedoch auch der Vitamingehalt gemindert. Obst und Gemüse also möglichst roh verarbeiten.

Lagern von Lebensmitteln

Damit die Frische der Lebensmittel erhalten bleibt, müssen sie fachgerecht aufbewahrt bzw. gelagert werden. Obst, Gemüse, Brot, Milch und Milchprodukte, Fleisch, Wurst und Fisch verderben relativ schnell. Sie sollten daher täglich bzw. wöchentlich frisch eingekauft werden. Sie werden am besten im Kühlschrank, Obstkorb oder Brotschrank aufbewahrt.

Länger haltbar sind tiefgekühlte Lebensmittel. Bei Tiefkühlkost ist es wichtig, dass die „Tiefkühlkette" nicht unterbrochen wird. Das bedeutet, dass die Lebensmittel auf dem Weg vom Hersteller bis zum Verbraucher bei −18 °C gehalten werden müssen. Nach dem Einkauf müssen sie sofort im Gefrierschrank untergebracht werden.

Lebensmittel, die man selbst einfriert, sollten frisch und von guter Qualität sein. Auf alle Verpackungen selbst eingefrorener Lebensmittel gehören folgende Angaben: Inhalt und Zeitpunkt des Einfrierens.

Trockenprodukte wie Nudeln, Mehl, Reis, Haferflocken, Backpulver, Zucker, Salz und Gewürze sind länger ohne Kühlung haltbar. Diese Lebensmittel werden verpackt bzw. in Vorratsbehältern aus Glas oder Kunststoff gelagert. Nicht geöffnete Konserven können ebenfalls ohne Kühlung gelagert werden.

Ein angemessener Lebensmittelvorrat ist notwendig, sei es in frischem oder tiefgefrorenem Zustand.

1. Stelle eine Liste der Lebensmittel zusammen, die Maria und Stefan für die Nahrungszubereitung benötigen, vgl. S. 90.

2. Was sollten Maria und Stefan beim Einkauf der folgenden Lebensmittel beachten?
   a) Spaghetti,
   b) Hackfleisch,
   c) Kopfsalat
   usw.

3. Wie sollten Maria und Stefan die Lebensmittel zwischen dem Einkauf und der Zubereitung lagern?

Kontrolle der Lagerbestände

Lebensmittel können durch Mikroorganismen – Bakterien, Schimmelpilze und Hefen – verderben und so die Gesundheit gefährden. Während der Lagerung müssen die Lebensmittel also regelmäßig kontrolliert werden.

Kontrolliert werden dabei

▸ **Lagertemperatur:** Die richtige Lagertemperatur verhindert den Verderb der Lebensmittel. Tiefgefrorene Lebensmittel müssen bei mindestens –18 °C gelagert werden.

▸ **Luftfeuchtigkeit:** Trockenvorräte benötigen eine geringe Luftfeuchtigkeit, Obst und Gemüse dagegen eine hohe.

▸ Auf **Sauberkeit und Ordnung** in den Lagerräumen ist stets zu achten. Sauberkeit verzögert den Verderb.

▸ **Unversehrtheit der Verpackungen:** Beschädigte Verpackungen müssen erneuert werden. Verpackungen schützen vor Schädlingen und sonstigem Verderb.

▸ **Übertragung von Gerüchen** auf andere Lebensmittel oder Speisen: Lebensmittel bzw. Speisen abdecken.

▸ **Einhaltung der Lagerfristen:** Lebensmittel mit abgelaufenem Mindesthaltbarkeitsdatum müssen aussortiert werden.

Übersicht – Lagerung und Haltbarkeit von Lebensmitteln

Lebensmittel			Lagerdauer	Ort	Temperatur/ Luftfeuchtigkeit
Frischvorräte	Hackfleisch		bis 1 Tag	Kühlschrank	+2 bis +4 °C/ 60 bis 70 %
	Fleisch, Fisch, Milch		1 bis 2 Tage		
	Obst, Salat		2 bis 11 Tage		
	Wurzelgemüse		7 bis 30 Tage		
	Butter, Eier		20 Tage		
	Kartoffeln		6 bis 8 Monate	Keller	+8 bis +12 °C/ 50 bis 60 %
	Obst		3 bis 5 Monate		
	Gemüse		3 bis 4 Monate		
Trockenvorräte	Mehl, Kakao, Schokolade Trockensuppen, Dauerwurst		6 Monate	Speisekammer, Vorratsschrank	+15 bis +20 °C/ 50 bis 60 %
	Hülsenfrüchte, Trockenobst Knäckebrot, Zwieback, Stärke Kartoffeltrockenprodukte		1 Jahr		
	Reis, Salz		2 Jahre		
	Zucker		3 Jahre		
Halbkonserven	Fleisch Fisch Salate		2 Wochen bis 3 Monate Mindesthaltbarkeitsdatum beachten	Kühlschrank	+2 bis +4 °C
Vollkonserven			1 bis 4 Jahre Mindesthaltbarkeitsdatum beachten	Speisekammer, Vorratsschrank	+15 bis +20 °C
Eingemachtes	Gläser luftdicht verschlossen: Obst, Gemüse, Fleisch		1 bis 2 Jahre	Keller	+8 bis +12 °C
Tiefkühlkost			3 bis 12 Monate	Gefriergerät	–18 °C und tiefer

1. Wo sollen folgende Lebensmittel im Kühlschrank gelagert werden?
   a) Gemüse, Kartoffeln, Salat,
   b) Getränke, Flaschen,
   c) Butter,
   d) Eier,
   e) Käse,
   f) Wurst, Fleisch,
   g) Quark, Joghurt,
   h) Brot, Speisereste,
   i) Tiefkühlkost, Eiswürfel.

2. Der Kühlschrank in der Schulküche soll gereinigt werden.
   a) Welche Reinigungsgeräte und Reinigungsmittel werden benötigt?
   b) Erstelle einen Arbeitsplan für die Durchführung der Reinigung.

3. Welche Reinigungsgeräte und Reinigungsmittel werden für die Reinigung des Vorratsschranks benötigt?

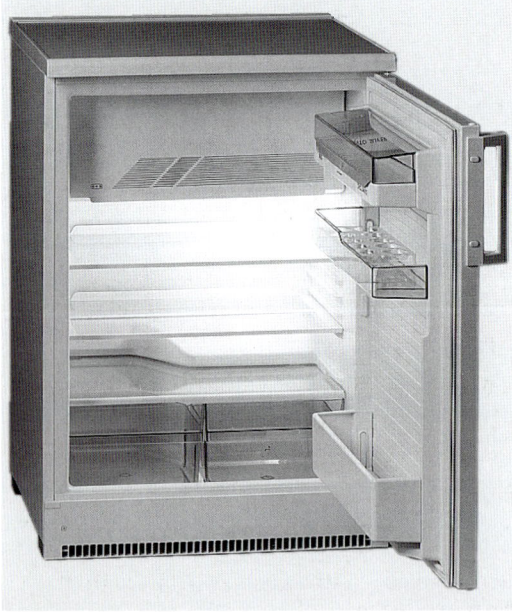

Temperaturen im Kühlschrank

Im Kühlschrank sind Temperaturen zwischen + 2 bis + 10 °C. Direkt vor bzw. unter dem Verdampfer ist die niedrigste Temperatur. Der Verdampfer erzeugt die Kälte, er befindet sich im Boden des Tiefkühlfaches bzw. – im Kühlschrank ohne Tiefkühlfach – in der Rückwand. Die höchste Temperatur herrscht in bzw. direkt über der Gemüseschale.

Lagern im Kühlschrank

▶ Speisen und Getränke abgedeckt in den Kühlschrank stellen. Flüssigkeit verdampft im Kühlschrank, die Lebensmittel trocknen aus. Der Kühlschrank vereist schneller, er muss öfter abgetaut werden. Außerdem können die Speisen und Getränke den Geschmack anderer Lebensmittel annehmen. Stark riechende bzw. geruchsempfindliche Lebensmittel werden in fest verschlossenen Gefäßen gelagert.

▶ Speisen und Getränke erst abkühlen lassen, nie heiße Speisen in den Kühlschrank stellen. Die Temperatur im Kühlschrank steigt sonst zu stark an.

▶ Den Kühlschrank nicht unnötig öffnen oder offen lassen. Kalte Luft ist schwerer als warme, die Kälte „fällt" aus dem Kühlschrank, es wird mehr Strom benötigt.

▶ Obst und Gemüse in der Gemüseschale lagern, hier sind sie vor dem Austrocknen geschützt.

▶ Leicht verderbliche Lebensmittel, z. B. Fleisch, direkt unter dem Verdampfer bzw. vor dem Verdampfer aufbewahren, hier herrscht die niedrigste Temperatur.

▶ Den Kühlschrank und das Gefriergerät regelmäßig abtauen. Eine Eisschicht wirkt isolierend. Ein abgetauter Kühlschrank benötigt weniger Energie.

▶ Den Kühlschrank regelmäßig reinigen. Dazu Wasser mit Spülmittelzusatz verwenden, das Gerät auswaschen, anschließend mit klarem Wasser nachwaschen und abschließend austrocknen.

▶ Tiefkühlfächer regelmäßig abtauen.

3.2 Grundlegende Zubereitungstechniken

Abmessen – Maße und Gewichte

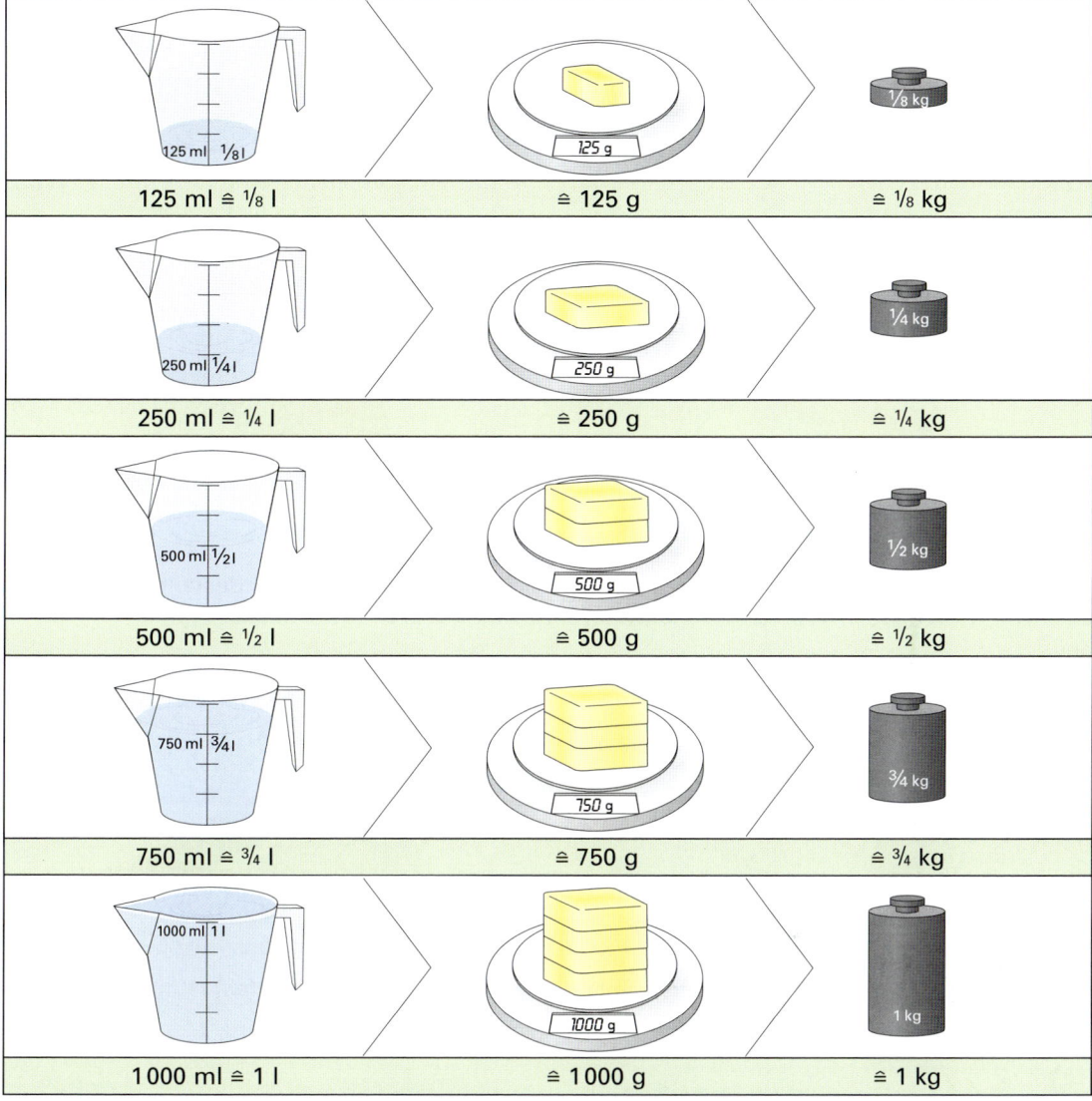

125 ml ≙ ⅛ l	≙ 125 g	≙ ⅛ kg
250 ml ≙ ¼ l	≙ 250 g	≙ ¼ kg
500 ml ≙ ½ l	≙ 500 g	≙ ½ kg
750 ml ≙ ¾ l	≙ 750 g	≙ ¾ kg
1000 ml ≙ 1 l	≙ 1000 g	≙ 1 kg

Messbecher eignen sich für Flüssigkeiten, Mehl, Grieß, Haferflocken, Reis, Zucker usw.

Mit einem Messbecher können feste Lebensmittel schnell – jedoch nicht grammgenau – abgemessen werden.

Auf dem Messbecher zunächst die Angaben für das Lebensmittel suchen, das abgemessen werden soll.

Die **Waage** eignet sich für Gemüse, Obst, Fleisch, Fisch, Nüsse usw.

Mit einer Waage können die Mengen sehr genau abgewogen werden.

Aus hygienischen Gründen zum Abwiegen einen Teller oder die Waagschale benutzen.

Der Teller darf nicht mitgewogen werden.

Den Teller auf die Waage stellen, danach die Anzeige auf null stellen.

Entfernen von unerwünschten Bestandteilen

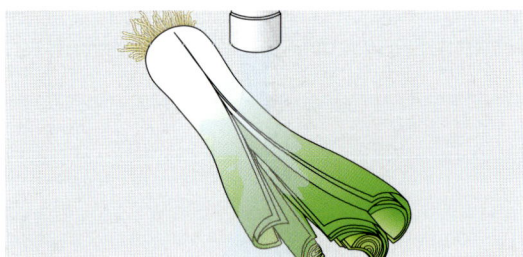

Waschen: Sämtlicher Schmutz wird entfernt. Lebensmittel mit empfindlicher Struktur, z. B. Salat, wird in stehendem Wasser gewaschen.

Waschen: Lebensmittel mit fester Struktur, z. B. Lauch, wird unter fließendem Wasser gewaschen.

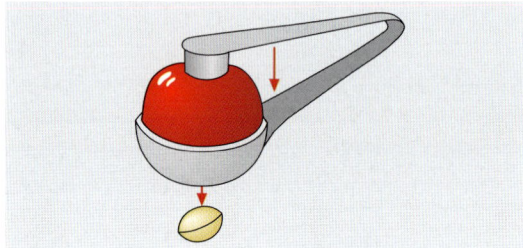

Putzen: Schadhafte, nicht essbare Bestandteile werden entfernt, z. B. durch Abschneiden.

Putzen: Nicht essbare Bestandteile werden entfernt, z. B. durch Entkernen.

Schälen: Schalen werden mit dem Sparschäler oder dem Putzmesser entfernt.

Pellen: Enternen von feinhäutigen Schalen, z. B. Kartoffeln, Eier.

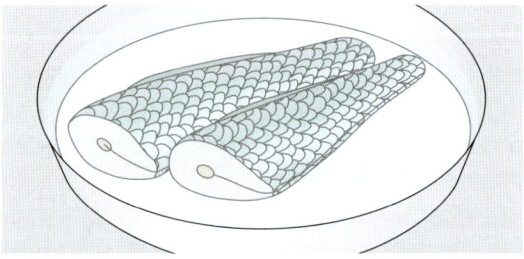

Schaben: Wurzelgemüse, z. B. Gelbe Rüben, kann auch geschabt werden. Dabei wird lediglich eine dünne Schicht entfernt.

Wässern: Entfernen unerwünschter Stoffe, z. B. Salz. Lebensmittel nicht zu lange im Wasser liegen lassen.

Zerkleinerungstechniken

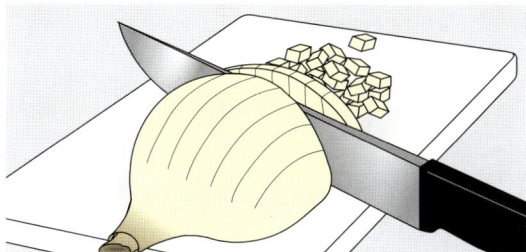

Schneiden: Mit dem Messer werden Lebensmittel in Stücke, Würfel, Streifen, Stifte usw. geschnitten.

Schneiden: Mit dem Tomatenmesser werden Tomaten in Scheiben geschnitten.

Hacken: Mit dem Wiegemesser oder dem Kochmesser können Lebensmittel in feinste Stücke gehackt werden.

Reiben: Durch eine fein aufgeraute Fläche – Reibe – entstehen sehr kleine Stücke.

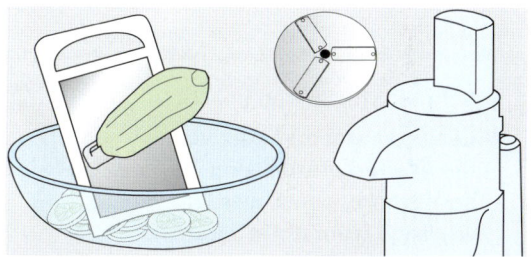

Hobeln: Feine Scheiben entstehen durch ein Schneidmesser, das sich auf einer Fläche befindet.

Raspeln: Durch eine grob gelochte Fläche – Raspel – enstehen feine längliche Stücke.

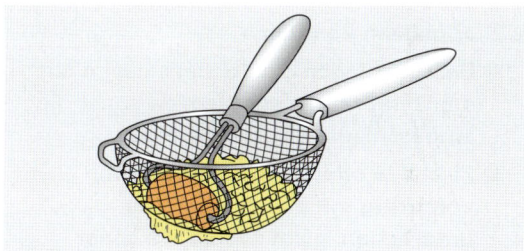

Passieren/Pürieren: Gegarte bzw. weiche Lebensmittel werden durch ein Sieb gestrichen.

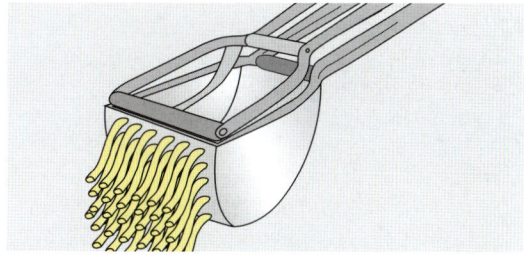

Passieren/Pürieren erfolgt auch mit der Kartoffelpresse und anderen Geräten.

Mischen und Schlagen von Lebensmitteln

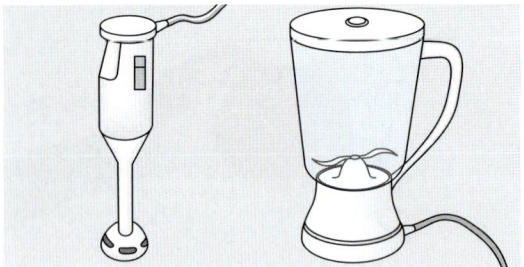

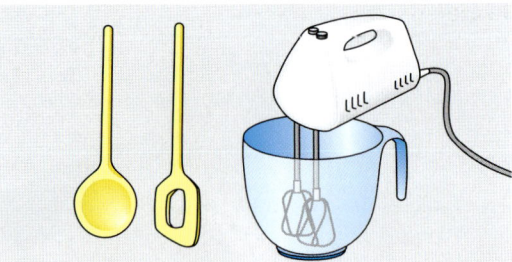

Mixen ist ein Mischen von Flüssigkeiten und feinen festen Zutaten. Beim Mixen mit sich drehendem Messerkreuz werden feste Bestandteile zerkleinert.

Beim **Rühren** werden Flüssigkeiten bzw. breiartige oder trockene Massen gemischt, die Zutaten werden gleichmäßig verteilt.

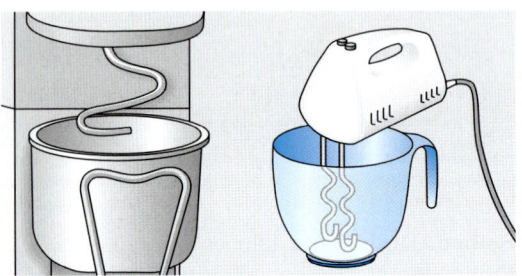

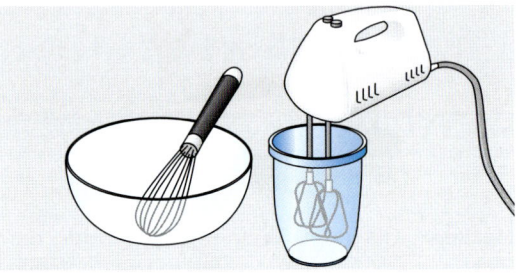

Beim **Kneten** werden Lebensmittel unter Druck zu einer einheitlichen Masse verarbeitet.

Schlagen dient dem Einschlagen von Luft in flüssige Lebensmittel oder Speisen.

1. Nenne jeweils Beispiele aus der Zubereitung von Speisen und Gebäck, bei denen die Techniken
   a) Mixen,
   b) Rühren,
   c) Kneten,
   d) Schlagen
   eingesetzt werden.

2. Eischnee soll unter eine Biskuitmasse gehoben werden. Worauf ist zu achten?

3. Nenne mögliche Gefahren beim Einsatz eines Pürierstabs. Wie kann man diese verhindern?

4. Beschreibe die verschiedenen Zerkleinerungstechniken an je einem Beispiel.

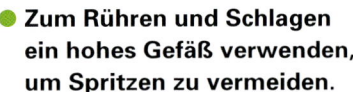

- **Schneidetechniken beachten.**
- **Lebensmittel erst kurz vor der Weiterverarbeitung zerkleinern, sonst werden wichtige Nährstoffe zerstört.**
- **Zum Rühren und Schlagen ein hohes Gefäß verwenden, um Spritzen zu vermeiden.**
- **Keine Emaillegefäße verwenden, da sonst Stücke von der Emaille abplatzen könnten.**
- **Beim Schlagen die Schneebesen nicht am Gefäßrand abklopfen, da sonst die eingeschlagene Luft entweicht.**
- **Eischnee oder geschlagene Sahne vorsichtig mit einem Teiglöffel unterheben, nicht rühren, da sonst die Luft entweicht.**

Aufbereitungsarten

Legieren – Abziehen

Ei trennen.

Eigelb mit etwas heißer Flüssigkeit verrühren.

Eigelb unter Rühren in die heiße Speise geben.

Panieren

Gewürzte Lebensmittel (z. B. Fleisch) in Mehl, verschlagenem Ei und in Semmelbröseln (Paniermehl) wenden.

Abschrecken

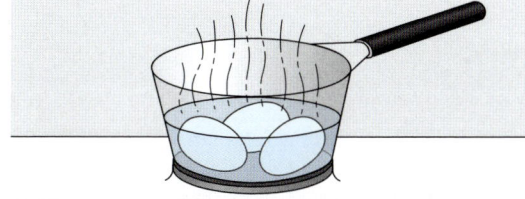

Fertig gegarte Lebensmittel – z. B. Eier –

mit kaltem Wasser übergießen.

Erwärmen im Wasserbad

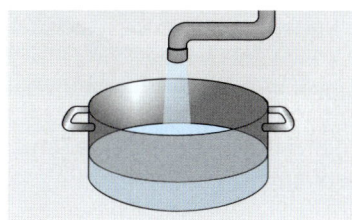

Wasser in einen Topf füllen.

Metallschüssel mit den Zutaten, z. B. Schokolade, in den Topf stellen. Die Schüssel darf den Topfboden nicht berühren.

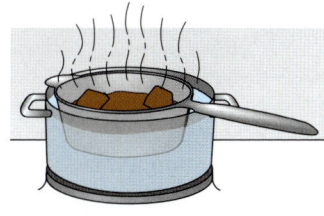

Wasser im Topf zum Sieden bringen.

Gartechniken

Kochen
Kochen ist ein Garen in siedender Flüssigkeit. Gekocht wird z. B. Gemüsesuppe.

1 l Wasser zum Kochen bringen.

Gemüse hineingeben.

15 Minuten kochen lassen.

▶ Gut schließende Töpfe verwenden, damit kein Wasserdampf entweicht.

▶ Rechtzeitig zurückschalten bzw. bei Automatikkochstellen gleich die richtige Einstellung wählen. Bei höherer Einstellung garen die Speisen nicht schneller, Wasser wird nur auf 100 °C erhitzt.

▶ Lebensmittel in möglichst wenig Flüssigkeit garen, Energieverbrauch und Nährstoffverlust werden sonst erhöht.

▶ **Geeignet für:** bindegewebsreiches Fleisch, wasserarmes Gemüse/Obst, Kartoffeln, Hülsenfrüchte.

Garziehen
Garziehen ist ein Garen in viel Flüssigkeit bei etwa 80 °C.

Teigwaren werden z. B. durch Garziehen gegart, vgl. S. 127.

In 2 l Wasser 2 EL Öl, 1 TL Salz geben. Wasser zum Kochen bringen.

Spaghetti in das kochende Wasser geben, umrühren.

Spaghetti ohne Deckel gar ziehen lassen, abgießen, anrichten.

▶ Lebensmittel in die siedende Flüssigkeit geben. Danach herunterschalten, nicht mehr kochen, so bleibt die Form der Lebensmittel erhalten.

▶ Schonende Gartechnik, aber Nährstoffe werden beim Garziehen herausgelöst.

▶ **Geeignet für:** Fisch, Obst, Klöße, Reis, Teigwaren.

Dämpfen
Dämpfen ist ein Garen im Wasserdampf.

Blumenkohl kann z. B. durch Dämpfen gegart werden.

Wenig Wasser in den Topf geben.

Blumenkohl in einem Siebeinsatz über das Wasser stellen.

Topf schließen, Blumenkohl im Wasserdampf garen.

Auch im Dampfdrucktopf kann in einem Siebeinsatz gedämpft werden.

▶ Wenig Wasser in einen Topf geben.

▶ Lebensmittel in einen Siebeinsatz legen. Sie sollen nicht mit Wasser in Berührung kommen, so sind die Nährstoffverluste gering.

▶ Wasser zum Kochen bringen, rechtzeitig zurückschalten.

▶ Im gut schließenden Topf dämpfen, sonst verlängert sich die Garzeit.

▶ Beim Dämpfen im „normalen" Topf die verlängerte Garzeit gegenüber dem Kochen beachten.

▶ Dämpfen ist eine schonende Gartechnik, durch den Wasserdampf werden kaum Nährstoffe aus den Lebensmitteln herausgelöst.

▶ **Geeignet für:** empfindliche Gemüsesorten, Kartoffeln, Obst, Fisch.

1. Beschreibe das Garen von Fleischnockerl durch Garziehen.

2. Erläutere den Unterschied zwischen Kochen und Garziehen.

3. Begründe, warum eine Forelle nicht durch Kochen, sondern nur durch Garziehen gegart werden darf.

4. Erstellt ein **Dominospiel** zu den Gartechniken. Auf die eine Hälfte der Dominokarten schreibt ihr ein Lebensmittel, auf die andere Hälfte eine Gartechnik.
   An die Lebensmittel können jeweils Karten mit geeigneten Gartechniken und an die Gartechniken Karten mit geeigneten Lebensmitteln gelegt werden.

Dünsten
Dünsten ist ein Garen im eigenen Saft, evtl. unter Zugabe von wenig Fett und/oder Wasser.

Wasserreiches Gemüse, z.B. Gelbe Rüben, kann durch Dünsten gegart werden, vgl. S. 131.

Fett im Topf erhitzen.
Gelbe Rüben dazugeben,
andünsten.

⅛ l heißes Wasser, Salz
und Zucker dazugeben,
aufkochen, herunterschalten.

Im geschlossenen Topf
weiterdünsten.

Wasserreiches Obst, z.B. Pflaumen, kann durch Dünsten gegart werden.

Pflaumen mit Zucker
bestreuen, mischen,
stehen lassen.

Pflaumen dünsten.

Abschmecken und umfüllen.

1. Nenne wasserreiche Obstsorten und Gemüsesorten, die gedünstet werden.

2. Nenne wasserarme Obstsorten und Gemüsesorten, die gekocht werden.

3. Paprika-Zwiebel-Gemüse soll gedünstet werden.
   Beschreibe den Arbeitsablauf.

4. Erstellt **Steckbriefe** zu den einzelnen Gartechniken, z.B.:
   „Im Topf herrscht dichter Nebel, obwohl nur wenig Wasser darin ist."
   „Die Nährstoffverluste sind gering und der Geschmack ist super."
   Die restlichen Mitschülerinnen und Mitschüler sollen die von euch beschriebenen Gartechniken erraten.

▶ Lebensmittel im offenen Topf unter Rühren andünsten.

▶ Bei Gemüse und Fisch etwas Fett zur Aromabildung hinzufügen.

▶ Obst zur Saftbildung mit Zucker mischen. Hierbei spricht man von Dünsten im eigenen Saft.

▶ Rechtzeitig zurückschalten, auf Flüssigkeitsverluste achten, Flüssigkeit ergänzen.

▶ Zu wenig Flüssigkeit: Das Gargut kann anbrennen. Zu viel Flüssigkeit: Das Dünsten geht in Kochen über.

▶ Im geschlossenen Topf dünsten. Deckel nicht so oft anheben.

▶ **Geeignet für:** wasserreiches Obst und Gemüse, Pilze, Fisch.

Schmoren

Schmoren ist ein Garen durch Anbraten in heißem, reinem Fett und ein Weitergaren nach Zugabe von wenig kochender Flüssigkeit.

Gulasch wird z. B. durch Schmoren gegart.

Speiseöl in einem Topf erhitzen, Gulasch hineingeben, anbraten.

¼ l Wasser dazugeben, würzen, aufkochen.

Im geschlossenen Topf weitergaren.

▶ Wasserfreies Fett, z. B. Kokosfett, Butterschmalz oder Speiseöl, verwenden.

▶ Im offenen Topf Lebensmittel von allen Seiten kräftig anbraten.

▶ Erst nach dem Anbraten würzen, Zwiebeln usw. dazugeben.

▶ Wenig kochende Flüssigkeit hinzufügen.

▶ Rechtzeitig zurückschalten, im geschlossenen Topf weitergaren.

▶ Auf Flüssigkeitsverluste achten, durch heiße Flüssigkeit ergänzen.

▶ **Geeignet für:** Fleisch, gefülltes Gemüse.

Braten in der Pfanne – Kurzbraten

Braten in der Pfanne ist ein Garen und Braten in heißem Fett.

Fleischküchlein werden z. B. in der Pfanne gebraten, vgl. S. 134.

Fett erhitzen.

Fleischküchlein anbraten.

Fleischküchlein wenden und weiterbraten.

▶ Vorzugsweise wasserfreie und eiweißfreie Fette bzw. Öle verwenden.

▶ Nur trockene Bratenstücke in das Fett geben! Spritzgefahr! Unfallgefahr!

▶ Fett erhitzen, Lebensmittel von allen Seiten anbraten.

▶ Fett bzw. Speiseöl nicht zu stark erhitzen, das Fett darf nicht qualmen! **Gesundheitsschädlich!**

▶ Durch Fett wird der Energiegehalt erhöht.

▶ **Geeignet für:** kleinere Fleischstücke, kleinere Fischstücke, Kartoffeln.

Energiesparen beim Garen

► Nährstoffschonend garen! ► Nicht zu oft umrühren!

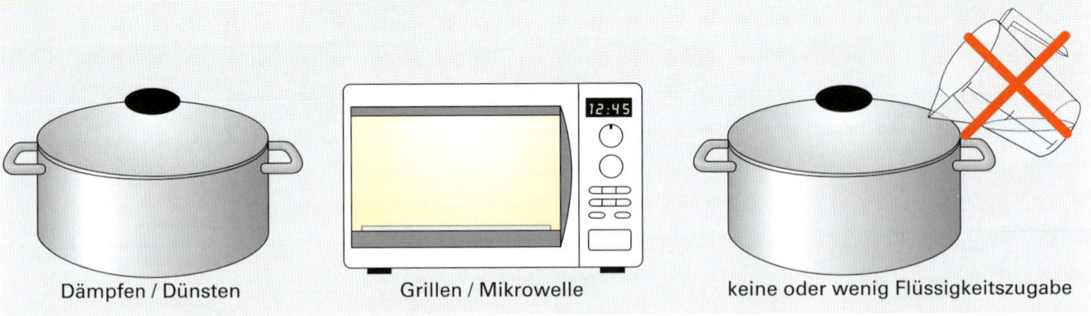
12:45
Dämpfen / Dünsten
Grillen / Mikrowelle
keine oder wenig Flüssigkeitszugabe

► Richtige Gartemperatur wählen! ► Nicht zu große Töpfe verwenden!

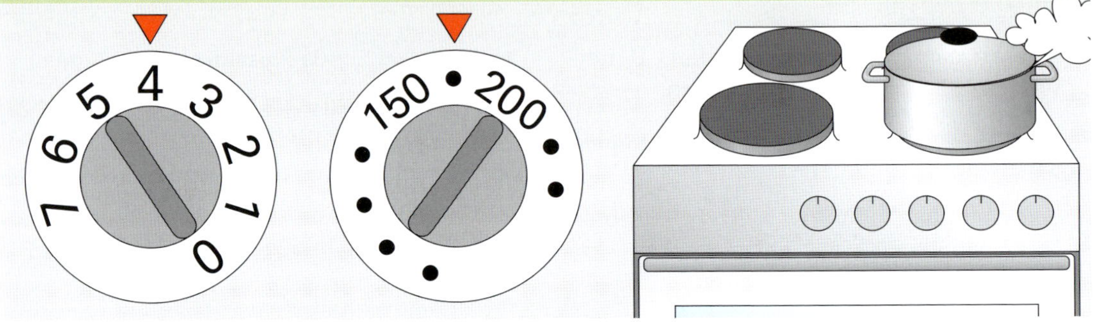
7 6 5 4 3 2 1 0
150 200

► Kurze Garzeit wählen! ► Warmhalten vermeiden!

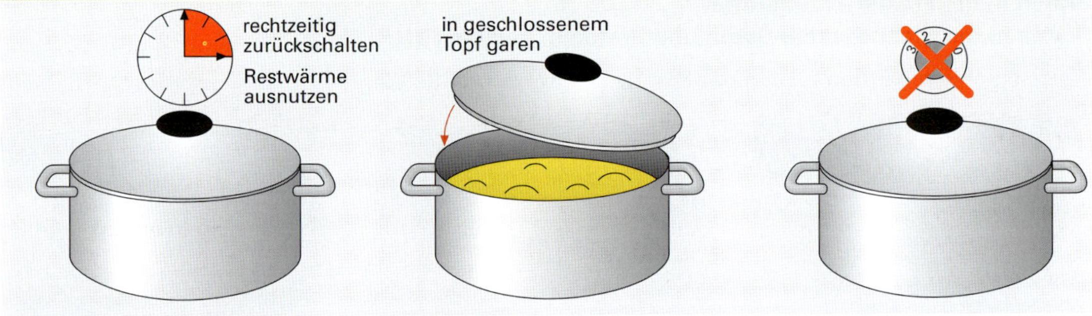
rechtzeitig zurückschalten
Restwärme ausnutzen
in geschlossenem Topf garen

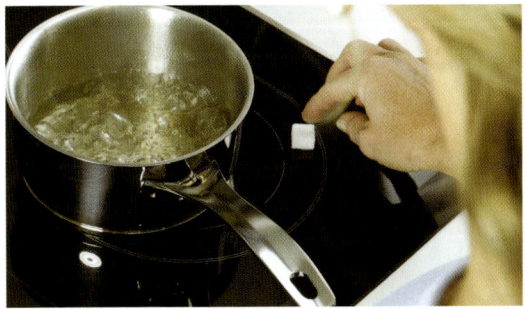

Wird die Induktionskochstelle nicht heiß?

- Bei **Induktionskochstellen** wird im Vergleich zu herkömmlichen Kochstellen eine bessere Energieausnutzung und eine schnellere Wärmeübertragung an das Gargut erreicht.

  Das Glasfeld wird nur geringfügig miterwärmt. Die eigentliche Wärmeentwicklung erfolgt erst im Boden des Kochgeschirrs.

- Für Gerichte mit längerer Garzeit den Dampfdrucktopf verwenden.

3.3 Speisen anrichten und garnieren

Mache Vorschläge für das Garnieren
a) eines Kartoffelsalats,
b) einer Erdbeerquarkspeise,
c) eines Obstsalats,
d) einer Tomatensuppe.

▶ **Anrichten** ist das Einfüllen oder Auflegen von fertigen Speisen in Anrichtegeschirr, z. B. Platten und Schüsseln.

▶ Das Anrichtegeschirr muss sauber und unbeschädigt sein.

▶ Schüsseln, Schalen usw. nur drei viertel voll – zwei Finger unter dem Rand – füllen. Rand mit einem sauberen Tuch reinigen.

▶ Auch bei Platten den Rand frei lassen. Die Ränder müssen sauber sein. Die Speisen wirken so appetitlicher.

▶ Heiße Speisen in vorgewärmtem Geschirr anrichten.

▶ Feste Speisen in Schüsseln oder auf Platten geben.

Salatschüssel mit Salatbesteck

▶ Flüssige Speisen in Schüsseln geben oder mit einem Gießtopf in Einzelportionen ausfüllen.

▶ **Vorlegebesteck** bei Schüsseln u. Ä. danebenlegen, bei Platten darauflegen. Beispiele: Gemüselöffel, Kartoffellöffel, Salatbesteck, Schöpflöffel, Soßenlöffel, Fleischgabel.

▶ **Garnieren – allgemein**: Speisen so garnieren, dass die Garnierung farblich und geschmacklich dazu passt: z. B. Petersilie, Tomatenachtel, Zwiebelringe, Zitronenscheiben, Kräuter.

Fleischplatte mit Fleischgabel und Löffel

▶ Die Garnierungen sollen essbar sein.

▶ Nicht zu üppig garnieren, die Speisen sollen noch zu sehen sein.

▶ Möglichst eine Randgarnierung oder Mittelgarnierung auswählen, vgl. S. 106.

▶ **Anrichten von Suppen und Brühen**: in vorgewärmter Suppentasse mit Untertasse, im Suppenteller oder in einer Suppenterrine mit Schöpflöffel.

▶ **Garnieren von Suppen und Brühen**: mit Kräutern, saurer oder süßer Sahne, Currypulver oder Paprikapulver.

Kartoffelschüssel mit Kartoffellöffel

Garnieren einer Quarkspeise

Garnieren von Fleisch

▶ **Anrichten von Beilagen:** z.B. Kartoffelbrei, Nudeln in vorgewärmten Schüsseln.

▶ **Garnieren von Beilagen:** mit gehackten Kräutern oder Petersilienblättchen oder mit in heißer Butter gebräuntem Semmelmehl.

▶ **Anrichten von Gemüse:** auf vorgewärmten Platten oder Schüsseln.

▶ **Anrichten von Fleisch:** aufgeschnittenen Braten oder Kurzgebratenes auf einer vorgewärmten Platte, Gulasch in einer vorgewärmten Schüssel, Rouladen und gefülltes Gemüse auf einer vorgewärmten tiefen Platte, dazu Soße in einer Soßenschüssel.

▶ **Garnieren von Fleisch:** mit Zwiebelringen, gedünsteten Tomaten, gedünsteten Pilzen oder Obst, z.B. Apfelringen, oder etwas Soße darübergießen.

▶ **Anrichten von Fisch:** auf einem vorgewärmten Teller oder einer Platte.

▶ **Garnieren von Fisch:** mit gedünsteten Speckwürfeln, Zwiebelwürfeln, Zitronenachteln, Zitronenscheiben, Tomatenscheiben oder gehackten Kräutern.

▶ **Anrichten von kalten Süßspeisen:** in (Glas-) Schälchen, -schüsseln oder -tellern. Kleine Gefäße evtl. auf mittelgroßen Teller stellen.

▶ **Garnieren von Süßspeisen:** mit Sahne, Fruchtteilen, Schokoladenstreuseln oder Mandelblättchen.

Mittelgarnierung bei einer Suppe

Randgarnierung bei einer roten Grütze

Projekt – Frankreich-Abend mit französischem Büfett

„Hallo Jeanette, hallo Mark, wir sind gerade von unserem Ausflug nach Straßburg zurückgekommen. Dort hatten wir ein französisches Büfett. Da gab es viele schmackhafte Speisen."

Jeanette: „Schade, dass wir nicht mitfahren konnten. So ein französisches Büfett möchte ich auch mal erleben."

Mark: „Weißt du was, für die Abschlussfeier in diesem Jahr könnten wir doch einen Frankreich-Abend mit französischem Büfett planen. Aber so richtig französisch – nicht nur Speisen und Getränke, sondern auch die Raumdekoration sollte an Frankreich erinnern. Ich kann mit den anderen ‚Franzosen' eine französische Speisekarte für das Büfett erstellen."

Jeanette: „Los, lass uns in die Klasse gehen und mit den anderen über den Frankreich-Abend reden."

Durchführung des Projekts
Für die Durchführung des Projekts müssen nun Gruppen gebildet und die anfallenden Aufgaben verteilt werden:

▶ Welche Speisen und Getränke soll es geben?

▶ Wer ist für den Einkauf und die Zubereitung zuständig?

▶ Wer erstellt die Speisekarte?

▶ Wer stellt ein französisch-deutsches Unterhaltungsprogramm zusammen? Da gibt es sicher auch Anregungen im Internet.

▶ Wer soll eingeladen werden? Wer schreibt die Einladungskarten?

▶ Usw.

Zwischendurch treffen sich die Gruppen immer wieder und berichten über den Stand der Arbeit. Dabei wird es sicher neue Ideen und Anregungen für die weitere Vorbereitung des „Frankreich-Abends" geben.

Soupe à l'oignon

Soupe à l'oignon – Zwiebelsuppe

375 g Zwiebeln	schälen, halbieren, in Scheiben schneiden.
30 g Margarine	erhitzen, Zwiebelscheiben darin goldgelb dünsten.
³/₄ l Brühe	hinzufügen, 15 Minuten gar ziehen lassen.
Salz, Pfeffer	und
Basilikum	zum Abschmecken verwenden.
2 Scheiben Toastbrot	Suppe in feuerfeste Tassen füllen. rösten, diese und
40 g geriebenen Gouda	auf die Suppe geben.

Überbacken: Grill 3 Minuten oder im Backofen 10 Minuten bei 250 °C oder Regler 5

Tarte aux pommes – Apfeltorte, gedeckt – Mürbeteig (12 Stück)

300 g Mehl **½ TL Backpulver**	mit mischen, auf ein Backbrett bzw. in eine Schüssel geben. In die Mitte eine Vertiefung drücken.
100 g Zucker **1 Ei** **150 g Margarine**	und in die Vertiefung geben. in kleinen Stücken auf den Rand geben. Zutaten von der Mitte her zunächst verrühren, dann schnell durchkneten.

Boden der Springform einfetten. Die Hälfte des Mürbeteigs auf einem Pergamentpapier ausrollen, eine Teigdecke – so groß wie die Springform – ausstechen. Die andere Hälfte des Teiges auf dem Boden der Springform ausrollen, mehrmals mit einer Gabel einstechen. Teigdecke und Teigreste für den Rand kalt stellen.

Boden backen: mittlere Schiene – 12 Minuten
E-Herd: 175 °C, **Gasherd:** Regler 2

750 g Äpfel **50 g Sultaninen** **1 TL Zimt**	waschen, schälen, putzen, in Scheiben schneiden. waschen und mit unter die zerkleinerten Äpfel mischen.

Den abgebackenen Boden kurz abkühlen lassen. Aus den Teigresten eine Rolle formen, daraus in der Springform einen Rand formen. Die Äpfel und die Sultaninen einfüllen.

30 g Zucker	darüberstreuen. Teigdecke vorsichtig auf die Füllung legen. Die Teigdecke mehrmals mit einer Gabel einstechen.
Eigelb oder Kondensmilch	zum Bestreichen verwenden.

Backen: untere Schiene – 25 Minuten
E-Herd: 175 °C, **Gasherd:** Regler 2

Mousse au chocolat – Schokoladencreme

⅛ l süße Sahne **200 g bittere Schokolade**	steif schlagen. grob zerstückeln, in einen Topf geben und im Wasserbad schmelzen.
3 Eier **20 g Zucker**	mit im Wasserbad mit einem Handrührgerät aufschlagen, bis eine dickliche Masse entstanden ist. Die Eimasse zur aufgelösten Schokolade geben, gut verrühren. Anschließend die Schlagsahne unterheben. Creme in eine Schale füllen. Sofort kalt stellen, da Salmonellengefahr.

4 Ess- und Tischkultur

Am Ende dieses Schuljahrs sollt ihr über folgendes Grundwissen verfügen:

- Tisch nach allgemeingültigen Regeln decken und gestalten
- grundlegende Verhaltensweisen bei der gemeinsamen Mahlzeit kennen

4.1 Gemeinsame Mahlzeiten

Frühstücksgestaltung

Familie Huber

Spätestens wenn Susanne und ihr Bruder Severin aufstehen, beginnen die Schwierigkeiten. Susanne blockiert regelmäßig das Bad, vor dem Severin dann ungeduldig und nörgelnd wartet.

Herr Huber versucht sich aus den allmorgendlichen Schwierigkeiten seiner Kinder herauszuhalten – sie stören ihn zwar, aber er ist mit seinen Gedanken schon bei der Arbeit und ohnehin spät dran ... Immer häufiger antwortet er seiner Frau auf die Aufforderung, doch richtig zu frühstücken: „Lass doch – ich kriege sowieso nichts runter. Gib mir nur einen Kaffee!"

Und dann die Kinder! ... Mittlerweile ist wenigstens Severin im Bad – aber ehe er fertig ist ... Und Susanne trödelt wieder! ... „Kinder, seht zu! – Ihr kommt sonst zu spät zur Schule!" Mutter seufzt, für das Frühstück bleibt wieder kaum Zeit.

Susanne kommt endlich herunter und beginnt gleich zu maulen: „Ist Vati schon weg? Er hat nicht einmal Tschüs gesagt!"

Mutter: „Er hatte es heute besonders eilig. Setz dich und frühstücke – ihr seid ohnehin knapp in der Zeit." Susanne sieht auf das mit Konfitüre bestrichene Brot und verzieht die Mundwinkel: „Schon wieder Erdbeerkonfitüre ..., ich habe gar keinen Appetit!"

Severin stürmt in die Küche. Er schaut seiner Mutter über die Schulter. „Mutti, ich mag heute kein Frühstück. Heiße Milch mag ich sowieso nicht und außerdem schreiben wir in der ersten Stunde eine Mathearbeit, und viel zu spät ist es auch schon." Er greift seine Schultasche und fordert Susanne auf, sich zu beeilen. Die lässt sofort ihr halb gegessenes Brot liegen und will sich mit ihrem Bruder auf den Schulweg machen, als ihre Mutter sie noch kurz aufhält, um beiden wenigstens etwas Geld mitzugeben, von dem sie sich in der Pause etwas zu essen kaufen sollen.

Spätestens in der ersten großen Pause sieht man Susanne und Severin dann mit Freunden beim Bäcker, wo sie sich Kuchen und Limonade kaufen.

Familie Meier

Familie Meier steht morgens eine halbe Stunde früher auf. Schon vor dem Schlafengehen wird abwechselnd der Tisch für das gemeinsame Frühstück gedeckt.

So haben sie alle genügend Zeit für ein gemütliches Frühstück. Abwechslung ist dabei großgeschrieben. Da gibt es nicht nur Brot und Butter, sondern auch verschiedene Aufschnitt- und Käsesorten, manchmal ein Ei, Müsli oder Saft usw.

Am Frühstückstisch redet man miteinander. Was wird der heutige Tag bringen? Worauf freuen wir uns, worauf nicht? Sie sprechen noch einmal über die Probleme von gestern, die sie nun überschlafen haben. Oder sie planen gemeinsam, was sie nachmittags oder abends unternehmen wollen. Die zu erwartende Klassenarbeit in „Haushalt und Ernährung" ist nicht immer das Thema Nr. 1.

Claudia entscheidet mit, was sie als Schulbrot mitnehmen möchte: mal einen Joghurt, mal ein Wurstbrötchen mit einem Salatblatt dazwischen, dann wieder eine Banane, ein Knäckebrot oder einen knackigen Apfel.

Meiers haben außerdem mit anderen Eltern eine Unterschriftensammlung gestartet. Die Eltern wollen mit dieser Aktion den Schulträger dazu bringen, dass in der Schule in den Pausen keine Süßigkeiten mehr verkauft werden dürfen. Stattdessen soll der Hausmeister Milchmixgetränke, Obst und Ähnliches anbieten.

Mittags isst Claudia …

---

1. Lies die beiden Texte.
   Was macht Familie Huber falsch?
   Was macht Familie Meier richtig?

2. Vervollständige den Bericht der Familie Meier.

Zum Weiterlesen:

Vom Frühstück und wie man es nicht essen sollte

Zwei junge Leute betreten den Frühstücksraum eines nicht sehr großen Hotels. Keiner grüßt beim Hereinkommen. Einer schiebt sich das T-Shirt hoch und kratzt sich am nackten Bauch. Beide setzen sich. Der eine rutscht mit dem Hintern halb vom Sitz und gähnt mit offenem Mund. Die Kellnerin tritt zu ihnen und fragt: „Was darf ich den Herren zum Trinken bringen?"

„Kaffee!", sagt der eine.

„Auch", der andere.

Dann schieben sie sich an das Büfett und beladen sich die Teller, bis nichts mehr draufgeht. Wieder am Tisch stemmen sie den rechten Ellenbogen auf, legen den linken Unterarm quer vor sich auf den Tisch und heben die linke Hand nur, wenn etwas von den verpackten Frühstückszutaten aufgerissen werden muss. Sie behalten dabei das Messer in der Hand, bohren damit im Butterpäckchen oder im Käsekästchen herum und lecken die Marmelade von der Klinge. Und so weiter.

Warum nicht so?

Wer als Neuer in eine Gruppe kommt, sollte mit einem kurzen Gruß andeuten, dass er die anderen wahrgenommen hat und keine feindseligen Gefühle hegt.

Man verrichtet seine Körperpflege nicht in der Öffentlichkeit und erst recht nicht im Speisezimmer.

Gerade sitzen hat einen gesundheitlichen Sinn. Wer krumm sitzt, verursacht sich einen Wirbelsäulenschaden und muss es später mit Schmerzen büßen.

… Man legt das Messer aus der Hand auf den Teller, wenn man es nicht benutzt. Das Gleiche gilt auch für Gabel oder Löffel.

(Knigge für die nächste Generation, Sybil Gräfin Schönfeldt, Hamburg 2003)

Besteck und Geschirr

Großes,   mittleres, kleines Besteck

Frühstücksgedeck

Fischbesteck   Obstmesser, -gabel   Eierlöffel

Suppentasse   Suppenteller

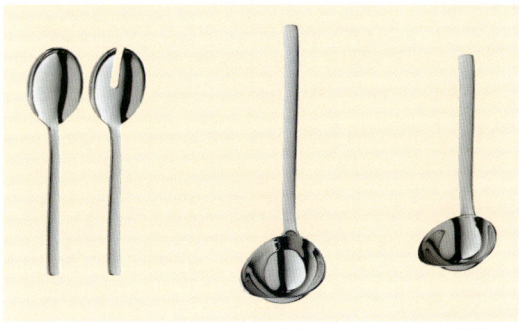

Salatbesteck   Schöpflöffel   Soßenlöffel

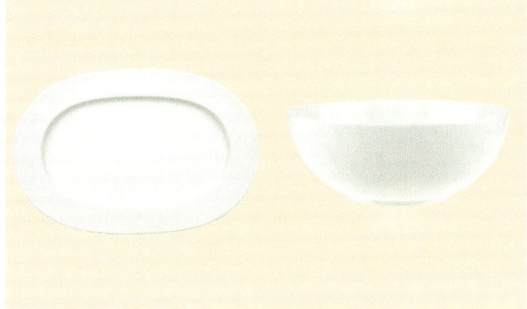

Fleischplatte   Gemüseschüssel

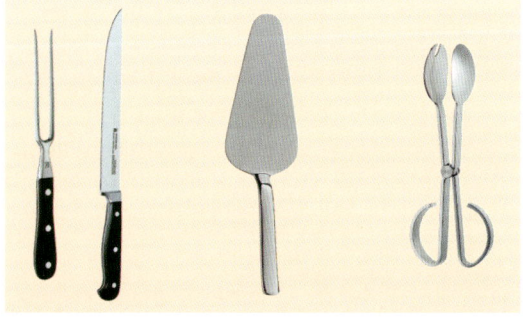

Tranchierbesteck Tortenheber Gebäckzange

Salatteller   Dessertkelch

Arbeitsablauf beim Eindecken

▶ Zuerst wird mit einer Serviette oder einem Platzteller der Gedeckplatz markiert – 60 cm Platz pro Person.

▶ Das Eindecken erfolgt im Uhrzeigersinn um den Tisch.

▶ Danach wird das Besteck eingedeckt:

- Messer rechts und Gabel links für den Hauptgang, Gabel und Messer sind etwa 1 cm von der Tischkante entfernt. Die Messerklinge zeigt zum Teller.

- Der Löffel für die Suppe liegt rechts neben dem Messer.

- Es folgt das Besteck für das Dessert: Mittelgabel mit dem Griff nach links und Mittellöffel mit dem Griff nach rechts oberhalb des Gedeckplatzes.

▶ Salatschälchen werden links neben dem Teller eingedeckt.

▶ Wird ein Glas eingedeckt, so steht es oberhalb der Messerspitze. Werden mehrere Gläser eingedeckt, so steht das Glas, das zuerst gebraucht wird, über der Messerspitze. Die weiteren Gläser stehen rechts und links daneben.

▶ Der Brotteller wird als Letztes links vom Gedeck hingestellt. Ein Messer mit der Schneide nach links wird für Butter daraufgelegt.

▶ Die Serviette liegt auf dem Teller oder daneben.

▶ Schüsseln und Platten stehen in der Mitte des Tisches.

1. Decke einen Tisch für vier Personen.
   Es gibt folgende Speisen:
   a) Tomatensuppe,
   b) Braten mit Soße,
   c) Salzkartoffeln,
   d) Rohkost,
   e) Mineralwasser.

2. Stelle Schüsseln und das Vorlegebesteck dazu.

Grundgedeck

Hauptgang mit Suppe, Getränk und Brotteller

Festlich gedeckter Tisch

Hauptgang mit Suppe, Brotteller, Dessert und zweitem Glas

1. Mache Vorschläge für eine passende Tischdekoration für
   a) eine Nikolausfeier,
   b) eine Faschingsfeier,
   c) eure Klassenparty.

2. Entwerft Tischkarten für eine
   a) Taufe,
   b) Firmung,
   c) eure Klassenparty.

3. Sammelt und erprobt Möglichkeiten für das Falten von Servietten.

4. Deckt einen Tisch für folgendes Menü:
   Spaghetti mit Hackfleischsoße
   Grüner Salat – Kopfsalat
   Obstsalat
   Mineralwasser

Tischdekorationen

Diese werden dem Anlass entsprechend ausgewählt.

▶ **Tischkarten** informieren den Gast über eine bestimmte Sitzordnung.

▶ **Menükarten** informieren bei einem festlichen Menü über eine umfangreichere Speisenfolge.

▶ **Kerzenleuchter** geben eine stimmungsvolle Atmosphäre. Die Kerzen dürfen nicht zu lang sein, die Flamme blendet sonst und stört die Unterhaltung.

▶ **Blumen**, z. B. als Gesteck, Blumenband oder kleiner Strauß auf dem Tisch, eignen sich gut zur Dekoration.

▶ **Tischdecke und -bänder** sind farblich auf das Geschirr abgestimmt, z. B. Geschirr mit Muster auf einfarbiger Decke und umgekehrt.

▶ Die **Servietten** sollten farblich zum Geschirr passen.

Falten von Servietten – Spitz

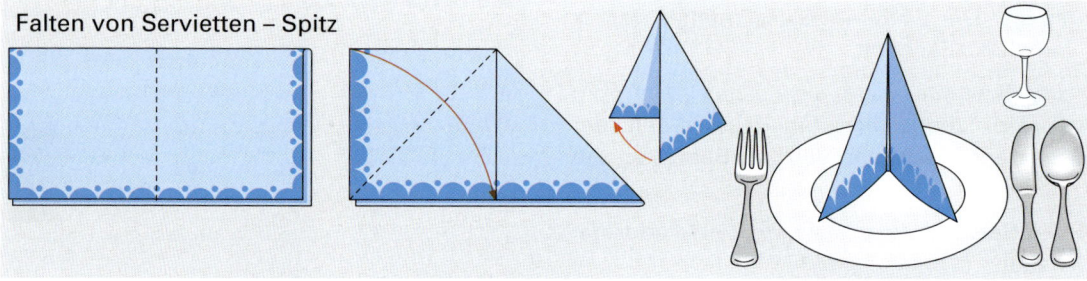

Serviette einmal aufklappen, offene Kante zeigt nach vorn.

Linke und rechte Serviettenecke zur Mitte der offenen Kante falten.

Das entstandene Dreieck in der Mitte zusammenfalten, aufstellen.

Falten von Servietten – Mütze

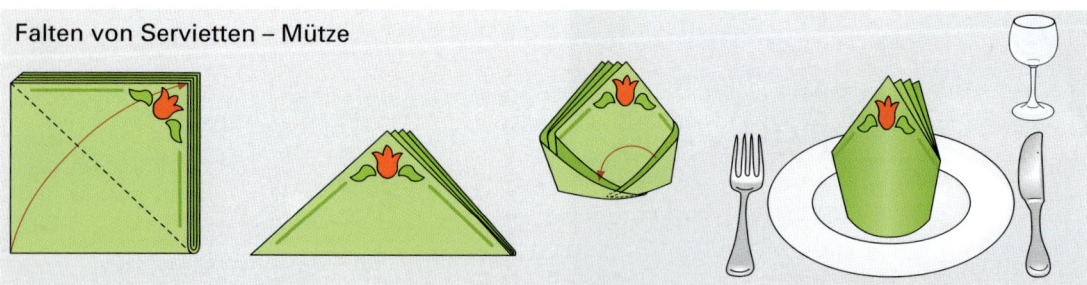

Ausgangsstellung

Untere geschlossene Ecke nach oben falten.

Beide Ecken hinten zusammenstecken.

Benehmen bei Tisch

Anstand ist das Gegenteil von Rohheit. Wenn bei Tisch ein ungeregeltes, wüstes oder rohes Benehmen herrscht, so kann die Mahlzeit nicht zugleich eine Erholung sein und Freude bereiten. Die Hausfrau muss darauf achten und darf es nicht ungerügt lassen, wenn gegen die nachstehenden Regeln gefehlt wird:

1. Bei Tisch soll man anständig sitzen, d. h. aufrecht, nicht zu weit vornübergebeugt oder rückwärts an den Stuhl gelehnt, nie Ellenbogen oder Arme auf dem Tische. Ist einer sehr müde von der Arbeit, so mag er sich nach Tisch eine bequemere Stellung suchen, aber nicht während des Essens.

2. Löffel, Gabel und Messer soll man nicht in voller Hand halten, sondern etwas zierlich anfassen und geschickt handhaben. Nie darf man Gabel oder Messer mit der Spitze nach oben halten; wenn man spricht oder im Essen eine Pause macht, hält man die Gabel nicht in der Hand, sondern legt sie auf den Teller.

3. Das Tischtuch darf nicht beschmutzt werden, indem man ein unreines Messer oder eine schmutzige Gabel daraufliegt; man reinige dieselben entweder mit etwas Brot oder lege sie auf seinen Teller.

4. Knochen, Gräten, Obstkerne oder Schalen gehören nicht in den umgelegten Löffel, noch weniger auf das Tischtuch; man legt diese immer auf den Rand des Tellers oder in ein besonders hierfür hingestelltes Gefäß.

5. Beim Essen selbst nehme man den Mund nicht zu voll, – nehme keine zu heißen Speisen, – trinke nicht, solange man den Mund voll Speisen hat, – mache beim Essen kein Geräusch mit der Zunge und den Lippen, – öffne beim Kauen den Mund nicht zu weit, – esse nie zu gierig.

6. Speisen so wenig wie möglich mit den Fingern berühren, – nichts aus der Hand essen, wozu die Gabel gebraucht werden soll, das Fleisch auf dem Teller gehörig zerschneiden und Knochen nicht mit den Fingern zum Mund führen, wenn man das Fleisch mit dem Messer davon lösen kann.

7. Man nehme nie eine ganze Kartoffel oder ein Stück Fleisch auf seine Gabel, um wiederholt davon abzubeißen, – lasse nie Kerne von Pflaumen, Kirschen usw. aus dem Munde auf den Teller fallen oder fasse sie mit den Fingern, sondern bringe den Löffel oder die Gabel an den Mund und lege sie damit auf den Rand des Tellers.

8. Nie wische man seinen Teller mit dem Finger ab, auch nicht mit einer Brotrinde, die man in den Fingern hält, – gieße auch nie den Rest der Suppe aus seinem Teller in den Löffel, – sondern nehme zum Ausleeren des Tellers ein Stückchen Brot an der Gabel.

9. Im Allgemeinen sei man bei Tische bescheiden, suche sich nie die besten Stücke aus, sei aufmerksam, gefällig und zuvorkommend gegen alle Tischgenossen und vor allem mäßig.

(Das häusliche Glück, Leipzig 1882)

---

1. Lies den Text „Benehmen bei Tisch".

2. Welche Anstandsregeln bei Tisch haben auch heute noch Gültigkeit?

3. Erstellt einen „Knigge" für die Einnahme eines Frühstücks. Beantwortet dabei u. a. folgende Fragen: Wann darf man bei einem gemeinsamen Frühstück
a) mit dem Essen beginnen?
b) vom Tisch aufstehen?

Erntedankfest

Tischdekoration für das Erntedankfest

Tischdekoration für Halloween

1. Überlegt, wie ihr die Tische im Essraum während der Zeit um das Erntedankfest schmücken könnt.
2. Befragt eure Eltern und Großeltern nach Rezepten für Speisen, die zum Erntedankfest gegessen werden.

4.2 Feste feiern, wie sie fallen

Der Unterricht in Haushalt und Ernährung beginnt im Spätsommer und endet im Sommer des folgenden Jahres. Sicher werdet ihr in diesem Jahr das eine oder andere Fest planen. Dazu werdet ihr die entsprechenden Speisen und Getränke zubereiten und die Tische und den Raum entsprechend dekorieren.

Kirchweih oder Erntedankfest

Der Jahreskreis bietet Anlässe zum Feiern. Hierzu gehören die Feste, bei denen für die eingebrachte Ernte gedankt wird. In vielen Kirchen sind die Altäre mit Ähren, Obst, Gemüse und Blumen geschmückt, diese werden während des Gottesdienstes gesegnet. Anschließend trifft man sich auf dem Dorfplatz zum Essen, Tanzen und Spielen. Am sogenannten Kirchweihmontag wird in Bayern, Franken und Schwaben ein Enten- oder Gänsebraten mit Knödeln und Apfelblaukraut aufgetischt.

Erntedankfest wird auch in anderen Ländern gefeiert. An der Ostküste der USA fällt „Thanksgiving" in den „Indian Summer". In dieser Zeit erstrahlt das Laub der Bäume in leuchtendem Rot, Orange und Gelb. Entsprechend schmücken die Amerikaner die Tische zum Festessen mit bunten Blättern. Sie essen am „Thanksgiving Day" traditionsgemäß gefüllten Truthahn – Turkey.

Halloween

Am 31. Oktober feiert man in den USA außerdem Halloween. Die Kinder ziehen am Abend maskiert durch die Straßen, klingeln an den Türen und bekommen Süßigkeiten.

Der Kürbis – dekorativ zu einem Gesicht ausgestaltet und mit einer Kerze beleuchtet – spielt an diesem Festtag vor Allerheiligen eine besondere Rolle.

Im Internet erfahrt ihr mehr über die Bedeutung des Festes Halloween:

www.itshalloweenagain.de
www.halloween-city.de

Adventszeit und Weihnachten

Die Tradition, das Haus in der Adventszeit mit Tannengrün zu schmücken, stammt noch aus der vorchristlichen Zeit. Immergrüne Zweige sollten im Winter den freundlichen Waldgeistern Zuflucht bieten und die bösen Dämonen verscheuchen.

In Deutschland wird während der Adventszeit gebastelt und gebacken. Selbst gebackene Plätzchen, mit einem Früchtepunsch rund um den Adventskranz serviert, bringen vorweihnachtliche Stimmung ins Haus.

In England, Irland und Schottland gehört das Erzählen zum Advent. Dort schmücken die Menschen ihr Haus mit einem Mistelzweig. Wer sich darunter begegnet, darf sich küssen. In Amerika haben sich wegen der vielen Einwanderer vielfältige Bräuche herausgebildet. Über die Grenzen hinaus sind die oft überladenen Weihnachtsbäume und Christmas-Paraden bekannt. Die amerikanische Bezeichnung „Xmas" für Weihnachten findet bei uns auch immer mehr Verbreitung. Doch nicht jeder weiß, was es bedeutet. Das „X" steht für das griechische „Chi". Es ist der Anfangsbuchstabe für eine Schreibweise von Christus.

Der Brauch, einen Tannenbaum als Symbol für Weihnachten aufzustellen und zu schmücken, ist noch keine 400 Jahre alt. Die Kinder freuen sich dann auf das Kommen des Christkindes oder des Weihnachtsmannes. In Deutschland, Frankreich, Polen, Portugal und anderen Ländern feiert man die Geburt Jesu, den Heiligen Abend, am 24. Dezember. Traditionelle Speisen sind die Gans (D) oder die Mettenwürste, der Bûche de Noël, ein Schokoladenkuchen (F), Oblaten und nach der Suppe einen Karpfen (P).

In den angelsächsischen Ländern lässt der Volksglauben in der Nacht zum 25. Dezember Santa Claus durch den Kamin steigen und die Kinder beschenken. Das Festessen ist meist Truthahn und Plumpudding. Kinder in Holland freuen sich über einen von Sinterklaas gefüllten Schuh.

Adventskranz

Weihnachtstafel

Heiliger Nikolaus

1. Sammelt Rezepte für Weihnachtsplätzchen.
2. Erstellt Adventsgestecke oder schmückt einen Adventskranz.

Venezianische Masken

Tischdekoration für Fasching

Gebäck für Fasching

Karneval, Fasching

Am 11. 11. eines jeden Jahres beginnt die närrische Zeit – Karneval in Köln, Fasching in Bayern. Je nach der Region findet der Höhepunkt des närrischen Treibens am unsinnigen Donnerstag, der Weiberfastnacht, am Rosenmontag oder Faschingsdienstag mit Umzügen und lustigem Treiben statt.

Im Alpenraum haben sich auch Fastnachtsbräuche erhalten, die einen ernsten Hintergrund haben. Da ziehen die sogenannten Perchten durch die Bergdörfer, begleitet von Teufelsmasken und Naturgottheiten. Sie brennen Feuer ab wie einst die Stämme der Germanen zu Ehren Odins und treiben den „Winter" und die „bösen Geister" aus.

Venedig ist ebenfalls für seinen Karneval berühmt. Hier geht es ernst und heiter zu. Früher verkleidete man sich in Venedig nur nach Figuren aus der Commedia dell' arte, einer italienischen Stegreifkomödie mit feststehenden Typen: Neben Arlecchino, dem Harlekin, tauchte der venezianische Kaufmann Pantalone auf, der die schöne Columbina zum Menuett aufforderte. Der leicht vertrottelte, doch sehr redselige Dottore – Arzt – trug zur Unterhaltung bei. Zwei Diener brachten die Zuschauer durch ihre witzigen Dialoge zum Lachen. Hinzu kamen der traurigtörichte Capitano, der in der Regel einen Feigling mimte, der behäbige Balanzone und der geschniegelte Brighella. Eine Maske des Todes erinnerte daran, dass die Tage eines Menschen gezählt sind.

Fastenzeit

Die Kirche setzte durch, dass das närrische Treiben am Aschermittwoch aufhört. „Carne vale" – „Scher dich hinweg, Fleisch!" galt von jetzt an vierzig Tage lang. Während dieser Zeit ist der Mensch gehalten, Buße zu tun. Dazu gehört der Verzicht auf viele Speisen, vor allem auf Fleisch. Stattdessen soll Fisch gegessen werden. Doch auch Suppen und Mehlspeisen sind Fastenspeisen, z. B. Brotsuppe, Dampfnudeln, Fastenbrezeln.

Die Fastenzeit endet am Karsamstag.

Ostern

Die Zeit um Ostern verbindet man seit jeher mit dem Frühlingsbeginn. Feuer, die zu dieser Zeit angezündet wurden, sollten den Winter vertreiben.

Die Chinesen sollen schon vor 5000 Jahren zum Frühlingsanfang bunte Eier verschenkt haben. Ostern wird die Auferstehung Jesu gefeiert. Das Festessen am Ostersonntag drückt die Freude darüber aus. Rund um Ostern gibt es viele Bräuche.

Seit dem 16. Jahrhundert ließ man die Kinder in dem Glauben, der Osterhase bringe die gefärbten Eier und lege sie in ein Nest. Der Osterhase hatte jedoch zunächst eine Reihe von Widersachern: In Holstein und Sachsen legte der Hahn die Ostereier, im Elsass war es der Storch, in der Schweiz der Kuckuck, in Hessen gar der Fuchs. Der Hase siegte, da er ein Frühlingssymbol war.

Die Eier waren meist hart gekocht oder innen leer. Sie wurden mit großer Sorgfalt und Kunstfertigkeit gefärbt und bemalt. Beim sogenannten Eierschlagen oder Eierpecken, das in fast ganz Europa bekannt ist, werden gefärbte Eier aneinandergeschlagen. Der Spieler mit dem unbeschädigten Ei gewinnt das andere dazu. Auch das Eierrollen, Eierwerfen und Eierwettlaufen sind beliebte Spiele. In New York veranstaltet man am Ostersonntag im Central Park das weltweit größte Eiersuchen für Kinder.

Osterfrühstück

Osterhase aus Hefeteig

Gefärbte Ostereier

Ostermenü

Gefüllte Eier auf Blattsalat

✳✳✳✳

Klare Brühe

mit Frühlingsgemüse

✳✳✳✳

Osterlamm

mit grünen Bohnen und

Thymiankartoffeln

✳✳✳✳

Zitronensoufflé

---

1. Erstellt passende Tischdekorationen für den Essraum in der Osterzeit.

2. Ermittelt Rezepte für Ostergebäck.

3. Sammelt Rezepte für Eierspeisen.

4

Gebet in der Moschee

Hände mit Henna verziert

Süßes zum Zuckerfest

Erkundet die Bedeutung
anderer Festtage, z. B. des
jüdischen Tempelfestes – Chanukka –,
im Internet.

Zuckerfest – ein islamisches Fest

Der neunte Monat im islamischen Kalender ist der Fastenmonat Ramadan. Von der Morgendämmerung bis zum Sonnenuntergang fasten die gläubigen Muslime. Der Ramadan erinnert die Gläubigen an die Offenbarungen, die Mohammed von Gott empfangen hat.

Der Ramadan endet mit dem Fastenbrechen, das ist für die Muslime ein besonderer Feiertag. Auf Türkisch heißt dieser Tag „Scheker bayram", übersetzt bedeutet dies Zuckerfest. Drei Tage lang wird das Fest gefeiert. Einige Frauen verzieren ihre Hände mit Henna. Sowohl Männer als auch die Frauen ziehen besonders schöne oder neue Kleidung an. Auch das Haus ist festgemäß vollkommen aufgeräumt und gesäubert.

Am Morgen wird die Moschee besucht und es werden besondere Gebete gesprochen. Sobald die Gebete beendet sind, steht in der Wohnung ein Tisch voller Leckereien bereit: Süßigkeiten und Kekse zum Fastenbrechen. Nun darf auch tagsüber wieder gegessen werden.

Nach dem ausgiebigen gemeinsamen Frühstück ist es üblich, dass die Kinder Geschenke bekommen. Danach besucht man Freunde und Verwandte. Die Jüngeren kommen zu den Älteren. Man wünscht sich ein „frohes Fest" und gratuliert sich gegenseitig, weil man Gott durch das Fasten nähergekommen ist. Die Kinder bekommen bei diesen Besuchen Geschenke von ihren älteren Verwandten. Man trinkt gemeinsam Tee und isst Süßigkeiten.

„Bei mir zu Hause feiert das ganze Land. Alle Menschen sind festlich angezogen, niemand muss arbeiten und die Kinder haben schulfrei", erzählt Panni Khan, der aus Pakistan stammt.

Das Zuckerfest ist einer der wichtigsten Feiertage des Islams. Vieles an der Feier des Fastenbrechens – des Zuckerfestes – erinnert an die Bräuche zum christlichen Weihnachtsfest.

Projekt –
Wir frühstücken gemeinsam

Für ein gemeinsames Frühstück muss vieles im Voraus geklärt werden:

▶ Wann und wo soll das gemeinsame Frühstück stattfinden?

▶ Wen wollen wir einladen? Z. B. alle Lehrer, die in unserer Klasse unterrichten, oder die Schüler, die im nächsten Jahr mit dem Fach Haushalt und Ernährung beginnen.

Informationsphase
Damit unser gemeinsames Frühstück allen Beteiligten viel Spaß bereitet, sollen dabei der äußere Rahmen und auch die Lebensmittelauswahl stimmen.

Mit folgenden Themen müssen wir uns zunächst noch einmal genauer beschäftigen:

▶ Welche Verhaltensregeln wollen wir bei der Frühstückseinnahme beachten?

▶ Welche Lebensmittel und welche Mengen wollen wir für ein gesundes und umweltfreundliches Frühstück empfehlen?

In Gruppen werden wir nun diese Themen bearbeiten.

Präsentationsphase
Die Ergebnisse der Gruppenarbeit können wir z. B. auf Plakaten dokumentieren.

Durchführungsphase
Ob wir die aufgestellten Regeln nun auch beim Essen beachten, werden wir bei dem gemeinsamen Frühstück überprüfen.

▶ Werden die aufgestellten Verhaltensregeln von allen beachtet?

▶ Sind die eingeplanten Lebensmittelmengen ausreichend oder aber zu groß?

Nun wissen wir ganz genau,

▶ wie wir essen sollen,

▶ was wir essen sollen.

Kontrollphase
Wir fragen uns:

▶ Was hat uns besonders gut gefallen?

▶ Was können wir noch besser machen?

Suppen

Zwiebelsuppe

375 g Zwiebeln
30 g Margarine
3/4 l Wasser
2 TL gekörnte Brühe
Salz, Pfeffer, Basilikum

Zwiebeln schälen, halbieren,
in Scheiben schneiden.

Margarine erhitzen,
Zwiebeln glasig dünsten.

Wasser, Brühe hinzufügen,
15 Minuten gar ziehen lassen.

Suppe mit Salz, Pfeffer
und Basilikum würzen.

Pfannkuchensuppe – Flädlesuppe

Pfannkuchen:

120 g Mehl	mit
1 Pr. Salz	vermischen und mit
2 Eiern	verrühren.
1/4 l Milch	hinzugeben, gut verrühren.
1 EL gehackte Petersilie	unterrühren.
1 EL Öl	erhitzen. Mehrere dünne Pfannkuchen von beiden Seiten goldgelb backen. Pfannkuchen auf einen Teller legen und auskühlen lassen.

Brühe:

3/4 l Wasser	mit
1 EL gekörnter Brühe	zum Kochen bringen und abschmecken.
1 Bund Schnittlauch	waschen, trocken tupfen und in feine Röllchen schneiden.
	Pfannkuchen aufrollen und in feine Streifen – Flädle – schneiden. Flädle in Suppenteller geben, mit heißer Brühe aufgießen und mit Schnittlauch garnieren.

Tomatensuppe

1 Zwiebel	schälen und würfeln. Zwiebelwürfel in
1 EL Olivenöl	glasig dünsten.
500 g Tomatenwürfel	dazugeben.
½ l Wasser,	
1 TL gekörnte Brühe	hinzufügen und alles zum Kochen bringen.
½ Becher Crème fraîche	zugeben und die Suppe köcheln lassen. Suppe mit
1 Pr. Zucker, Pfeffer, Salz	abschmecken.
1 Bund Basilikum	waschen, in feine Streifen schneiden.
	Basilikum kurz vor dem Servieren
	auf die Suppe geben.
Tipp:	Man kann die Tomatensuppe auch pürieren.
	Gehaltvoller wird sie mit gerösteten Weißbrotwürfeln
	oder einer Nudeleinlage.

Kartoffelsuppe, aufgeschmelzt

500 g Kartoffeln	waschen, schälen, waschen, würfeln.
1 Bund Suppengrün:	
1 Stange Lauch,	
2 Gelbe Rüben,	waschen, putzen, würfeln –
1 Petersilienwurzel,	Lauch in Streifen schneiden.
⅛ Sellerie	
1 ¼ l Brühe	zum Kochen bringen. Kartoffeln und
	Suppengrün zugeben. Mit
2 TL Majoran	würzen und 20 Minuten köcheln lassen.
	Suppe anschließend passieren.
2 Zwiebeln	schälen, in Ringe schneiden.
100 g Räucherspeck	würfeln.
30 g Margarine	und den Räucherspeck erhitzen.
	Die Zwiebelringe darin anrösten.
	Zwiebelringe mit dem Räucherspeck über
	die passierte Suppe geben.

Suppeneinlagen

Geröstete Brotwürfel

3 Scheiben Toastbrot
1 EL Butter

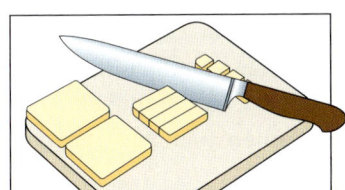

Toastscheiben in
Würfel schneiden.

Butter in der Pfanne erhitzen.
Brotwürfel hinzufügen,
goldbraun rösten.

Soße

Hackfleischsoße

1 Zwiebel
250 g Rinderhackfleisch
2 EL Tomatenmark
1 EL Mehl
1/8 l heißes Wasser
Salz, Pfeffer, Paprika
evtl. Kräuter, z. B. Oregano

Zwiebel schälen,
würfeln.

Rinderhackfleisch in
der Pfanne anbraten,
Rinderhackfleisch dabei
zerteilen, ständig rühren.

Zwiebelwürfel und
Tomatenmark dazugeben,
mitbraten.

Mehl darüberstreuen,
unter Rühren
durchschwitzen lassen.

1/8 l heißes Wasser unter
Rühren dazugeben.
Soße aufkochen lassen.
Herunterschalten.

Mit Paprika, Salz
und Pfeffer abschmecken.
Evtl. Kräuter zugeben:
Thymian, Oregano, Basilikum.

- Im Rinderhackfleisch ist genügend Fett enthalten, es kann im Allgemeinen ohne Fett angebraten werden. Falls erwünscht, in 1 EL Öl anbraten.
- Anstelle von reinem Rinderhackfleisch können auch halb Schweine- und halb Rinderhackfleisch verwendet werden. Höherer Energiegehalt – Fettgehalt!
- Anstelle von Tomatenmark und Wasser können auch 200 g Schältomaten aus der Dose verwendet werden.
- Soße Bolognese: Hackfleisch mit einem Bund Suppengrün.
- Hackfleischsoße eignet sich für: Teigwaren, Pfannkuchen.

Kartoffeln, Knödel, Nudeln, Reis

Pellkartoffeln

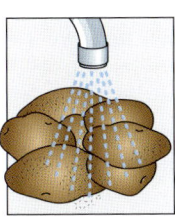  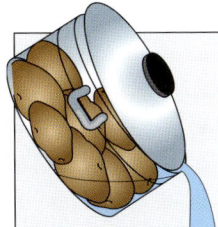 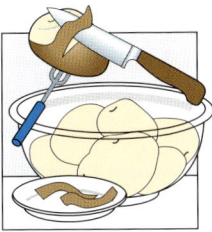

1 kg Kartoffeln waschen.

Kartoffeln in einen Topf legen, ¼ l Wasser dazugeben, 20 bis 25 Minuten garen.

Wasser abgießen, Kartoffeln abschrecken.

Kartoffeln pellen.

Salzkartoffeln

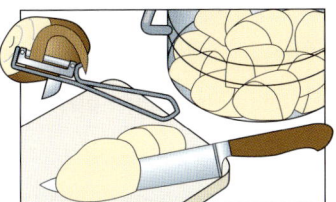 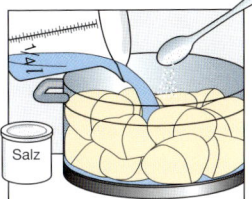 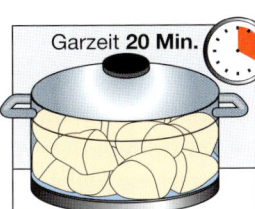 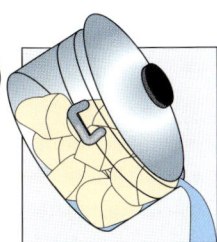

1 kg Kartoffeln waschen, schälen, waschen, halbieren oder vierteln.

Kartoffeln, ¼ l Wasser und ½ TL Salz in einen Topf geben.

20 Minuten garen.

Wasser abgießen, Kartoffeln kurz abdampfen lassen.

Kartoffelbrei

1 kg Kartoffeln, ½ TL Salz
¼ l Milch
20 g Butter
Muskatnuss, Salz

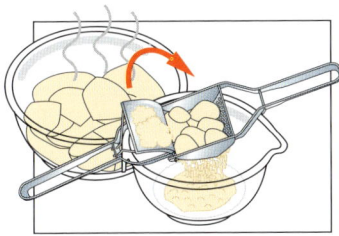   

1 kg Salzkartoffeln kochen, sofort durch eine Kartoffelpresse drücken.

¼ l Milch mit 20 g Butter erhitzen,

zu den gepressten Kartoffeln geben, schaumig rühren.

Kartoffelbrei mit Salz und Muskat abschmecken.

- **Bei Kartoffelbrei aus Pellkartoffeln bleiben die Nährstoffe besser erhalten.**
- **Kartoffelpüreepulver bzw. -flocken nach der Gebrauchsanweisung zubereiten.**
- **Kartoffelbrei mit gehackten Kräutern oder gebratenen Zwiebelringen anrichten.**

Reiberdatschi
(Kartoffelpuffer)

1 kg große Kartoffeln

1 Zwiebel
30 g Mehl
1 TL Salz
2 Eier

80 g Öl

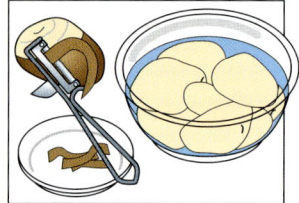 

Kartoffeln waschen, schälen, waschen.

Kartoffeln in eine Schüssel reiben.

Zwiebel schälen, dazureiben.

Mehl zu den Kartoffeln geben, verrühren.
Salz und Eier zugeben, verrühren.

1 EL Öl in die Pfanne geben, erhitzen.

Je 2 EL Kartoffelteig in die Pfanne geben.

Teig flach drücken.

Von beiden Seiten goldbraun braten.

Mit Apfelkompott servieren.

Kartoffelsalat

750 g Kartoffeln	als Pellkartoffeln garen, vgl. S. 125. Pellen, in Scheiben schneiden.
1/8 l heiße Brühe	über die Kartoffelscheiben gießen, ziehen lassen.
3 EL Essig	mit
2 EL Öl	und
2 Pr. Salz	verschlagen.
1 Zwiebel	schälen, würfeln, zu der Essig-Öl-Marinade geben.
1 EL gehackte Kräuter	ebenfalls unterrühren.
	Die Essig-Öl-Marinade über die Kartoffelscheiben geben, vermengen, ziehen lassen.
Salz und Pfeffer	zum Abschmecken verwenden.

Semmelknödel (Semmelklöße)

8 alte Semmeln (Brötchen) **⅛ l heißer Milch**	in Scheiben schneiden. Mit übergießen, abdecken, 20 Minuten stehen lassen.
1 Zwiebel **20 g Margarine**	schälen, würfeln. erhitzen, Zwiebelwürfel hineingeben, dünsten.
2 Eier **Pfeffer, Muskat, Salz**	Zu den eingeweichten Semmeln und die angedünsteten Zwiebelwürfel geben, unterkneten. Masse mit abschmecken. Mit feuchten oder bemehlten Händen Knödel formen.
2 l Wasser mit 1 TL Salz	zum Kochen bringen. Knödel in das kochende Salzwasser geben und 15 bis 20 Minuten gar ziehen lassen. Danach die Knödel mit einer Schaumkelle herausnehmen, heiß servieren.

Spaghetti

2 l Wasser
1 TL Salz
2 EL Öl
250 g Spaghetti

> **Vollkornnudeln sind gesünder, sie enthalten mehr Ballaststoffe, Vitamine und Mineralstoffe.**

In 2 l Wasser 1 TL Salz, 2 EL Öl geben. Wasser zum Kochen bringen.

Spaghetti in das kochende Wasser geben. Herunterschalten, umrühren.

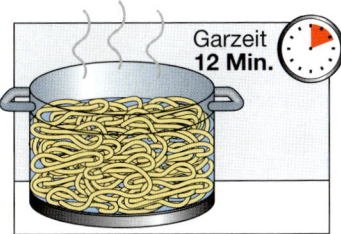

Garzeit 12 Min.

Spaghetti ohne Deckel gar ziehen lassen. Die Nudeln sollen noch Biss haben.

Spaghetti in einen Durchschlag geben, abtropfen lassen.

Spaghetti anrichten.

Spaghetti mit Löffel und Gabel servieren.

Spätzle

250 g Mehl
3 Eier
½ TL Salz
etwa 100 ml Wasser

2 l Wasser
2 EL Öl
1 TL Salz

20 g Butter
Salz
Muskat

- Farbige Spätzle können durch Zusatz von Tomatenmark, püriertem Spinat oder Safran hergestellt werden.
- Spätzle können auch vom Brett geschabt werden: Teig auf ein Brett geben, glatt streichen, Brett mit dem Teig eine Sekunde in das kochende Wasser halten, dünne Teigstreifen abschneiden, vom Brett in das kochende Wasser schaben.

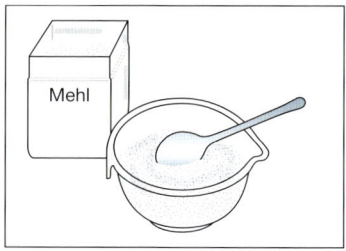

Mehl in eine Schüssel geben. Eine Vertiefung in die Mitte drücken.

Eier, Salz und Wasser dazugeben.

Teig so lange kneten, bis sich Blasen bilden.

In 2 l Wasser 1 TL Salz und 2 EL Öl geben, zum Kochen bringen.

Spätzlepresse nur drei Viertel voll füllen.

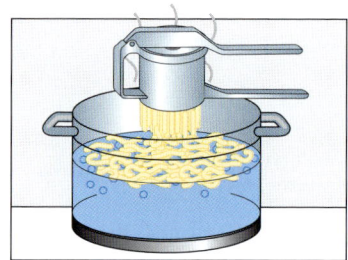

Spätzle vorsichtig in das kochende Wasser pressen.

Kurz aufkochen, Spätzle mit der Schaumkelle herausnehmen.

Abschrecken. Den übrigen Teig genauso verarbeiten.

20 g Butter zerlassen. Spätzle kurz darin schwenken, mit Salz und Muskat würzen.

Brühreis

½ l Wasser
1 TL gekörnte Brühe
250 g Langkornreis

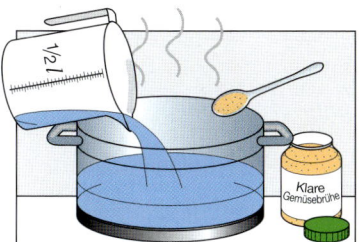

½ l Wasser mit Brühe
in einen Topf geben,
aufkochen lassen.

Reis in die kochende
Flüssigkeit geben.
Herunterschalten.

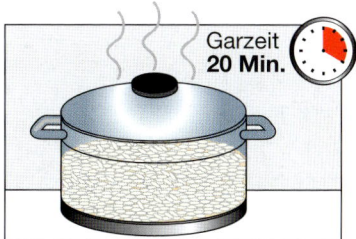

Reis im geschlossenen Topf
gar ziehen lassen.
Nicht umrühren.

Risotto

1 Zwiebel
250 g Langkornreis
½ l heißes Wasser
20 g Margarine
1 TL gekörnte Brühe

Verfeinerung
Risotto mit
20 bis 30 g Parmesan
bestreuen.

Zwiebel schälen, würfeln.

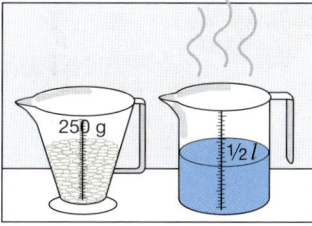

Reis und Wasser
abmessen.

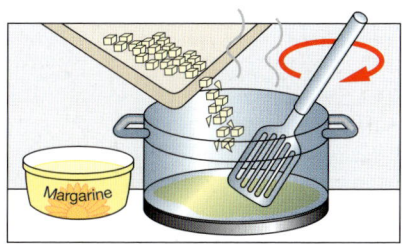

Margarine erhitzen,
Zwiebel hinzufügen.

Reis hinzugeben,
alles hellgelb rösten.
Vorsichtig: spritzt!

Heißes Wasser mit 1 TL Brühe
dazugeben, aufkochen.
Herunterschalten.

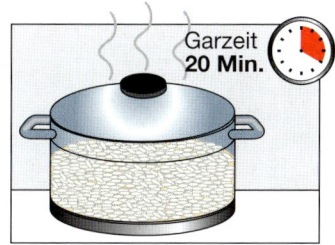

Reis im geschlossenen
Topf gar ziehen lassen.
Nicht umrühren.

Salate

Grüner Salat – Kopfsalat (Sahnemarinade)

1 kleiner Kopfsalat
⅛ l saure Sahne
2 EL Zitronensaft
1 Pr. Zucker
1 Pr. Salz
1 EL Kräuter:
Dill,
Petersilie

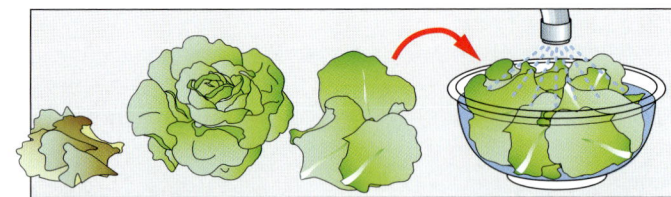

Welke Blätter entfernen.
Blätter vom Strunk lösen.

Salat waschen.
Blätter zerteilen.

Saure Sahne mit
Zitronensaft
verrühren.

Zucker und Salz
unterrühren.

Kräuter waschen, hacken,
zur Marinade geben.

Salat mit der
Marinade anrichten.

Tomatensalat (Ölmarinade)

500 g Tomaten
1 Zwiebel

2 EL Essig
2 EL Salatöl
2 EL Wasser
1 Pr. Zucker, 2 Pr. Salz
2 Pr. Pfeffer

2 EL Schnittlauch

Tomaten waschen,
halbieren, Stielansatz
herausschneiden.
In Scheiben schneiden.

Zwiebel schälen, würfeln,
über die Tomaten streuen.

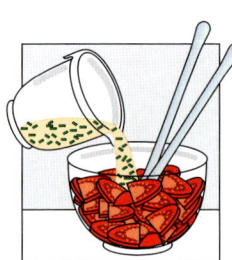

Essig, Öl und
Wasser
verschlagen.

Zucker, Salz und
Pfeffer unterrühren.

Schnittlauch
waschen, schneiden,
zur Marinade geben.

Marinade über
die Tomaten
geben.

Gelbe-Rüben-Apfel-Rohkost (Ölmarinade) vgl. S. 83.

2 EL Zitronensaft,	
2 EL Salatöl,	
2 EL Wasser	verschlagen.
300 g Gelbe Rüben	waschen, schälen, reiben.
200 g Äpfel	waschen, schälen, raspeln.
	Zerkleinerte Gelbe Rüben und Äpfel mit der Ölmarinade vermengen. Mit
Salz	und
Honig	abschmecken.

Gemüse

Gelbe Rüben

1 kg Gelbe Rüben	waschen, schälen. Gelbe Rüben halbieren, auf die Schnittfläche legen, in feine Würfel schneiden.
25 g Margarine	in einem Topf erhitzen. Gelbe Rüben dazugeben, andünsten.
⅛ l Wasser	und
1 Pr. Salz,	
1 Pr. Zucker	hinzufügen. 15 Minuten garen.

Sauerkraut

2 Zwiebeln	schälen und würfeln.
3 Äpfel	waschen, schälen, entkernen, würfeln.
750 g Sauerkraut	zerpflücken.
30 g Schmalz	erhitzen, die Zwiebelwürfel darin andünsten, Sauerkraut und Apfelwürfel dazugeben.
2 Lorbeerblätter	und
2 Wacholderbeeren	hinzufügen.
⅛ l Wasser	darübergießen. 30 Minuten garen. Evtl.
Zucker	zum Abschmecken verwenden.

Paprika-Tomaten-Gemüse

2 Zwiebeln
500 g grüne Paprikaschoten
300 g Tomaten
25 g Butter
2 TL gekörnte Gemüsebrühe
1 EL Crème fraîche
Pfeffer, Paprika
1 Päckchen Tiefkühlkräuter

Diese Gemüsesorten werden gedünstet:

Zwiebeln schälen,
fein würfeln.

Paprikaschoten waschen,
halbieren, entkernen, würfeln.

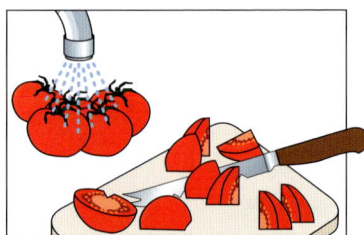

Tomaten waschen, halbieren,
Stielansatz entfernen, achteln.

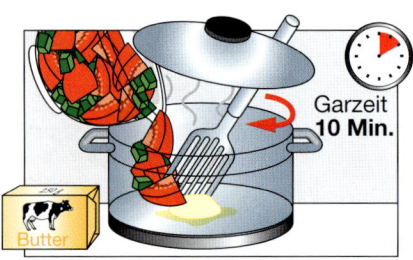

Garzeit
10 Min.

Butter im Topf erhitzen,
Gemüse hinzufügen.
10 Minuten dünsten.

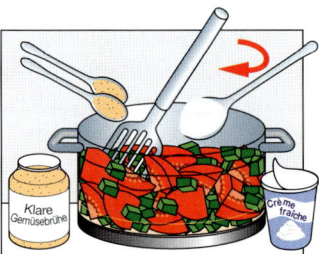

2 TL Gemüsebrühe und
1 EL Crème fraîche
unterrühren.

Mit Pfeffer, Paprika und
Tiefkühlkräutern
abschmecken.

Ratatouille

2 Zwiebeln	schälen, würfeln.
1 grüne Paprikaschote	waschen, putzen, würfeln.
375 g Aubergine	und
250 g Zucchini	und
250 g Tomaten	waschen, putzen, in Scheiben schneiden.
1 EL Öl	in einem Topf erhitzen. Das Gemüse darin andünsten,
⅛ l Wasser	hinzufügen.
Oregano, Thymian, Basilikum	nach Geschmack hinzugeben, etwa 15 Minuten garen.
Salz, Pfeffer, Petersilie	zum Abschmecken und Anrichten verwenden.

Eierspeisen

Eierpfannkuchen

250 g Mehl
4 Eier
½ l Milch
1 Pr. Salz

80 g Speiseöl oder Margarine

Mehl und Salz in eine Schüssel geben.

Mit den Eiern und der Milch nach und nach verquirlen.

1 TL Margarine oder Öl in die Pfanne geben, erhitzen.

So viel Teig in die Pfanne geben, dass der Boden gerade bedeckt ist, backen.

Pfannkuchen mit zwei Bratenwendern wenden, zweite Seite backen.

Noch heiß servieren, z. B. mit Pflaumenkompott.

Eierpfannkuchen mit Äpfeln

250 g Mehl **4 Eier** **½ l Milch** **1 Pr. Salz**	Pfannkuchenteig herstellen, vgl. oben, Bild 1 und 2.
500 g Äpfel	waschen, schälen, entkernen, in Scheiben schneiden, abdecken.
1 TL Öl	in der Pfanne erhitzen. So viel Pfannkuchenteig in die Pfanne geben, dass der Pfannenboden gerade bedeckt ist. Apfelstücke darauflegen, Pfannkuchen von beiden Seiten goldbraun backen.
Zucker und Zimt	zum Bestreuen des fertigen Pfannkuchens verwenden.

Tipp: Anstelle von Äpfeln kann man auch 200 g Schinken oder Fleischwurst in kleine Stücke schneiden und in der Pfanne anbraten. Pfannkuchenteig darübergießen, Pfannkuchen backen.

Fleisch

Fleischküchlein (Frikadellen)

1 Semmel (Brötchen)
1 Ei
1 Zwiebel
375 g Rinderhackfleisch
½ TL Salz, Pfeffer
Öl zum Braten

Semmel
in Wasser
einweichen.
Ei aufschlagen.

Zwiebel schälen,
in eine Rührschüssel
reiben.

Gehacktes dazu in die
Schüssel geben.
Ausgedrückte
Semmel, Ei, Salz und
Pfeffer dazugeben.

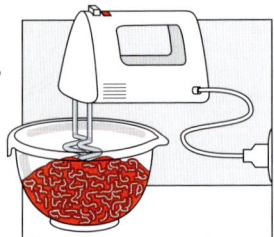

Fleischteig mit dem
Handrührgerät
(Knethaken) oder
einer Gabel gut
durchkneten.

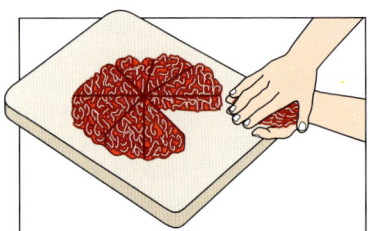

Fleischteig in acht gleich
große Teile teilen. Mit nassen
Händen acht Fleischküchlein
formen, flach drücken.

Fleischküchlein
mit dem Messer-
rücken einkerben.

Bratzeit
8 Min.

1 EL Öl in der Pfanne erhitzen,
die Fleischküchlein in das heiße Fett
geben und von jeder Seite
3 bis 4 Minuten braten.

- Die Semmel kann durch 2 EL Semmelbrösel und 4 EL Wasser ersetzt werden.
- Rinderhackfleisch kann zur Hälfte durch Schweinehackfleisch ersetzt werden.
- Mögliche Kräuter und Gewürze: Petersilie, Majoran, Paprika, grüner Pfeffer, 1 TL Tomatenmark oder Senf.
- Anrichten von Fleisch: aufgeschnittenen Braten oder Kurzgebratenes auf einer vorgewärmten Platte, Gulasch in einer vorgewärmten Schüssel, Rouladen und gefülltes Gemüse auf einer vorgewärmten Platte, dazu Soße in einer Soßenschüssel.
- Garnieren von Fleisch: Zwiebelringe, Tomaten, Pilze oder Obst, gedünstet, oder etwas heiße Soße.

Schnitzel, paniert

4 Schnitzel (Schwein oder Kalb)
Salz, Pfeffer

4 EL Mehl
1 Ei
80 g Semmelbrösel

20 g Öl
4 Zitronenscheiben

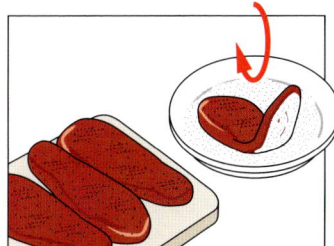

Je einen tiefen Teller mit Mehl, verschlagenem Ei und Semmelbrösel für das Panieren bereitstellen.

Schnitzel klopfen und mit Salz und Pfeffer würzen.

Schnitzel zunächst in Mehl wenden, abschütteln.

Bratzeit 6 Min.

Dann in verschlagenem Ei wenden.

In Semmelbröseln wenden. Semmelbrösel festklopfen.

Öl erhitzen. Schnitzel 3 Minuten braten. Schnitzel wenden, nochmals 3 Minuten braten. Mit Zitronenscheiben servieren.

Schweinefilet mit Kräutersahne

½ **Bund Frühlingszwiebeln**	waschen, putzen, in Röllchen schneiden. Je
½ **Bund Majoran, Thymian**	waschen, klein schneiden.
400 g Schweinefilet	waschen, trocken tupfen. Fleisch mit
Salz, Pfeffer, Senf	einreiben.
2 EL Öl	erhitzen, Fleisch von allen Seiten anbraten. Mit
100 ml Brühe	ablöschen, 10 Minuten schmoren lassen. Fleisch herausnehmen, warm stellen.
100 g Crème fraîche mit Kräutern	in die Garflüssigkeit einrühren. Soße mit
Salz, Peffer, Senf	abschmecken. Zwiebeln und Kräuter hinzufügen, 2 Minuten garen. Fleisch aufschneiden, in der Soße anrichten.

Fisch

Gebratenes Fischfilet

750 g Rotbarschfilet
1 Zitrone
Salz
3 EL Mehl
50 g Öl zum Braten

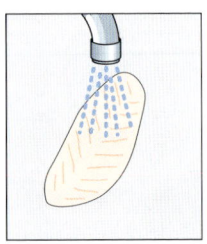

Fischfilet
säubern.

Fischfilet säuern.

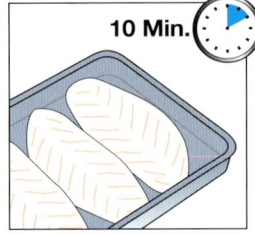

10 Minuten
stehen lassen.

10 Min.

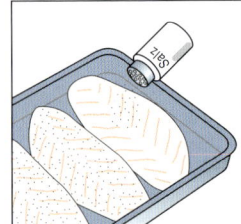

Fischfilet salzen.

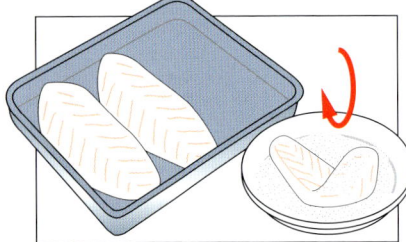

Fischfilet in Mehl wenden.

Öl in der Pfanne erhitzen.

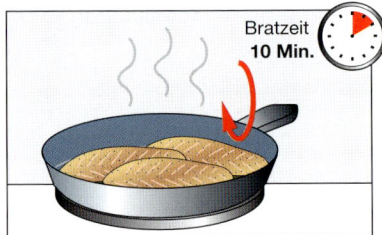

Bratzeit
10 Min.

Fischfilet von beiden Seiten je
5 Minuten goldbraun braten.

Fischstäbchen, selbst hergestellt

400 g Seelachsfilet	säubern. Fischfilet in 5 cm lange und 2 cm breite Stäbchen zerschneiden. Fischstäbchen säuern und salzen.
	Je einen Teller mit
Mehl, verschlagenem Ei, Semmelbrösel	bereitstellen. Fischstäbchen in Mehl, Ei und Semmelbröseln panieren, vgl. S. 135.
4 EL Öl	in einer Pfanne erhitzen, Fischstäbchen von beiden Seiten goldbraun und knusprig braten.
	Tipp: Fischstäbchen mit Kartoffelsalat, vgl. S. 126, und grünem Salat, vgl. S. 130, servieren.

Eintopfgerichte

Chopsuey

400 g Hähnchenbrustfilet	in Streifen schneiden.
3 EL süße Sojasoße, 1 Pr. Salz, 2 EL Wasser 2 TL Stärke	und verrühren. Fleisch darin 10 Minuten marinieren.
250 g Staudensellerie, 250 g Gelbe Rüben	waschen, putzen, in Scheiben schneiden.
1 EL Öl	erhitzen, das abgetropfte Fleisch darin anbraten. Gemüse dazugeben, mitdünsten. Marinade und
⅛ l Wasser Sojasoße	dazugeben. 15 Minuten garen. Mit abschmecken.
200 g Brühreis	getrennt zubereiten, vgl. S. 129. Fleisch-Gemüse-Mischung mit Reis servieren.

Bamigoreng

400 g Schweinefleisch	in feine Streifen schneiden.
2 kleine Zwiebeln	schälen, würfeln.
400 g Gelbe Rüben, 1 Stange Porree, 250 g Chinakohl	waschen, putzen, fein zerkleinern.
1 EL Öl ¼ l Wasser	erhitzen, Fleisch anbraten. Gemüse und dazugeben. 15 Minuten dünsten.
2 l Wasser, ½ TL Salz	zum Kochen bringen.
200 g Fadennudeln	darin 10 Minuten gar ziehen lassen. Fadennudeln abgießen, unter das Fleisch und Gemüse heben. Mit
Sojasoße, Salz, Pfeffer	abschmecken.

Chili con Carne

1 Gemüsezwiebel	schälen, halbieren, würfeln.
50 g durchwachsener Speck	würfeln.
2 rote Paprikaschoten	waschen, putzen, würfeln.
	Speck anbraten, Zwiebeln glasig dünsten.
350 g Rinderhackfleisch	und
70 g Tomatenmark	dazugeben, mitbraten. Paprikawürfel,
1 gr. Dose rote Bohnen	und
1 gr. Dose Schältomaten	hinzufügen, alles 5 Minuten garen. Mit
Salz, Pfeffer, Paprika, Chilipulver	abschmecken und mit
gehackter Petersilie	servieren.

Schmackhaftes Pausenbrot

4 Scheiben Vollkornbrot	mit
Margarine	bestreichen.
	Brote mit
4 Scheiben Putenbrust	und
½ Becher Hüttenkäse	belegen.

Garnierung:

¼ Salatgurke	waschen, in Scheiben schneiden.
2 Mandarinen	schälen und zerteilen.
1 Bund Schnittlauch	waschen, abtupfen.
	Brote mit den Zutaten garnieren.

Gemüsesticks

700 g Gemüse,	
z. B. Gelbe Rüben, Kohlrabi	und
Paprikaschoten	waschen, putzen und in Sticks schneiden.

Schafskäsedip für Gemüsesticks

1 Ei	hart kochen, abschrecken und pellen.
200 g Feta	mit der Gabel zerdrücken und mit
100 g saurer Sahne	verrühren. Das Ei hacken und unterrühren.
1 Bund Schnittlauch	waschen, trocken tupfen, in Röllchen schneiden und unterrühren.
	Dip mit
Zitronensaft, Salz und Pfeffer	abschmecken.

Wraps (4 Stück)

200 g Mehl	mit
½ TL Salz	in einer Rührschüssel mischen.
2 EL weiches Butterschmalz	dazugeben.
	Mit dem Knethaken unter Zugabe von
5 bis 6 EL Wasser	verkneten.

Teig 15 Minuten ruhen lassen.

Den Teig in vier Teile teilen. Je einen Teil auf einer bemehlten Fläche möglichst dünn zu einem Fladen ausrollen. Durchmesser: 20 bis 25 cm.

Fladen in einer beschichteten Pfanne ohne Fett von jeder Seite 1 bis 2 Minuten backen. Falls sich der Fladen aufbläht, den Fladen flach drücken.

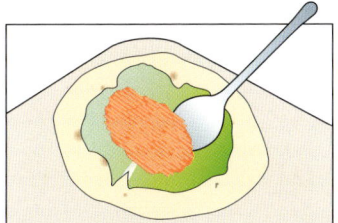

Füllung auf den Wrap geben.

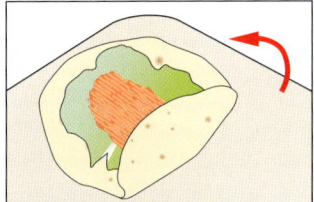

Die rechte Seite nach oben schlagen.

Die untere Seite nach oben hin aufrollen.

Thunfischwraps – Füllung

2 Dosen Thunfisch (300 g)	öffnen, abtropfen lassen, umfüllen und mit einer Gabel zerdrücken.
1 Salatgurke	waschen, schälen, fein würfeln.
1 Bund Petersilie	waschen, putzen, hacken.
	Salatgurke und Petersilie unter die Thunfischmasse mengen. Thunfischmasse mit
3 EL Schlagsahne	und
Salz, Pfeffer	abschmecken.
1 großes Salatblatt	flach auf den Wrap legen. Thunfischmasse gleichmäßig auf das Salatblatt streichen. Ein zweites
großes Salatblatt	darauflegen.
	Wrap aufrollen.
Pergamentpapier	um den Wrap schlagen.

Topfenschmarren mit Kirschen

30 g Mandelblättchen	in der Pfanne goldgelb rösten.
150 g Mehl	mit
⅛ l Schlagsahne,	
3 Eigelb	und
70 g Quark/Topfen	verrühren.
40 g Rosinen	unterrühren.
3 Eiklar	zu Eischnee schlagen. Eischnee unter den Teig heben.
1 TL Butterschmalz	in der Pfanne erhitzen. Teig portionsweise in die Pfanne geben. Teig kurz backen, wenden, kurz backen, Schmarren zerreißen und unter Wenden gut durchbacken.
300 g entkernte Kirschen **Puderzucker**	zum Topfenschmarren geben. Mit bestreuen. Mit den Mandelblättchen garnieren.

Obstsalat, Winter

2 EL Zitronensaft	mit
1 EL Honig	mischen.
2 Apfelsinen	schälen, teilen, in Stücke schneiden.
2 Äpfel	waschen, schälen, entkernen, in dünne Scheiben schneiden.
2 Bananen	schälen, in dünne Scheiben schneiden.
40 g gehackte Haselnüsse	über das Obst geben. Gesüßten Zitronensaft über das Obst geben, mischen.

Obstsalat, Sommer

2 EL Zitronensaft	mit
1 EL Honig	mischen.
1 Pfirsich	waschen, schälen, entsteinen, würfeln.
2 Birnen	waschen, schälen, entkernen, würfeln.
250 g Weintrauben	waschen, halbieren, entkernen.
125 g Rote Johannisbeeren	waschen, entstielen.
	Obst vorsichtig mit dem gesüßten Zitronensaft mischen.

Knusperjoghurt

4 Becher Joghurt	mit
2 EL Honig	verrühren.
50 g Walnüsse	hacken.
1 Apfel	waschen, halbieren, vierteln, entkernen, würfeln.
	Nüsse und Apfelwürfel zu dem Joghurt geben, vermischen und abschmecken.

Sauerkirschbecher

250 g Quark	mit
4 EL Milch,	
2 EL Zucker	glatt rühren.
250 g entsteinte Sauerkirschen	abtropfen lassen.
50 g Schokolade	reiben.
	In Glasschälchen abwechselnd Quark, Kirschen, geriebene Schokolade und als Letztes eine Schicht Quark geben.
Kirschen	zum Garnieren des Quarks verwenden.

Schoko-Birnen-Igel

Birnenhälften aus der Dose	mit
100 g Mandelstiften	bestecken – das Gesicht aussparen.
½ l Milch,	
3 EL Zucker,	Pudding nach der Gebrauchsanweisung
1 Päcken Schokoladen-	auf der Packung herstellen.
puddingpulver	
	Pudding in vier Schälchen ausfüllen. Die Augen des Igels mit
Rosinen	verzieren.
	Birnen-Igel auf den Schokoladenpudding setzen.

Milchmixgetränke

Projekt

1. Berechnet die Preise für die Milchmixgetränke.

2. Informiert euch über die Herstellung der Getränke.

3. Organisiert die Arbeitsverteilung.

4. Erstellt Getränkekarten für die Milchmixgetränke.

5. Nehmt Bestellungen für die Getränke entgegen.

6. Bereitet die Getränke zu und verkauft sie.

GETRÄNKE-
KARTE
Bananenmilch ... €
Mandarinen-
buttermilch ... €
Joghurt, pikant ... €
Süßer Traum ... €
Kefir-Drink ... €
Orangenmilch ... €

Bananenmilch

2 Bananen	schälen und mit
½ l Milch	im Mixer mischen,
1 EL Zitronensaft, Zucker	zum Abschmecken.

Mandarinenbuttermilch

½ kleine Dose Mandarinen	mit
½ l Buttermilch	mischen, im Mixer zerkleinern. Mit
2 bis 3 EL Zucker	abschmecken.

Joghurt, pikant

2 Becher Joghurt	mit
600 ml Tomatensaft	im Mixer mischen. Mit
2 bis 3 EL gehackten	
Kräutern, 1 Pr. Salz	abschmecken.

Süßer Traum

½ l Milch	mit
½ Packung Erdbeereis	in den Mixer geben,
	verschlagen.
	Sofort servieren.

Kefir-Drink

¼ l Kefir	und
400 ml Maracujasaft	im Mixer mischen. Mit
1 EL Honig	abschmecken.

Orangenmilch

2 Orangen	auspressen, unter Rühren
½ l Milch	untermischen, die Milch gerinnt sonst.
1 EL Zitronensaft, Zucker	zum Abschmecken.

Gebäck

Blitzkuchen (8 Stück)

125 g Margarine
125 g Zucker
2 Eier
250 g Mehl
2 gestr. TL Backpulver
$\frac{1}{16}$ l Milch (6 EL)

Belag
40 g Butter
2 EL Zucker
100 g Mandelsplitter

Achtung: Diese Rührmasse reicht für ein halbes Blech.

Ein halbes Backblech einfetten.

Fett und Zucker schaumig rühren.

Eier dazugeben, schaumig rühren.

Backpulver mit dem Mehl vermischen.

Mehl mit Backpulver und Milch abwechselnd unterrühren.
Alles gut verrühren.

Masse gleichmäßig auf dem halben Backblech verteilen.

Butterflöckchen, Zucker und Mandelsplitter gleichmäßig auf die Masse geben.

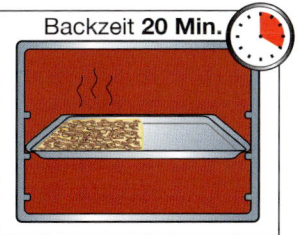

Backzeit **20 Min.**

Backen: mittlere Schiene – 15 bis 20 Minuten.
E-Herd: 220 °C, **Gasherd:** Regler 4.

Mandel-Honig-Muffins (12 Stück)

100 g gehackte Mandeln
100 g Honig

200 g Mehl
2 TL Backpulver

80 g Butter
100 g Zucker
200 g saure Sahne
4 EL Orangensaft
1 Pr. Salz
2 Eier

Muffinblech
dünn einfetten.

100 g Mandeln mit 100 g Honig
mischen. 6 Minuten einkochen.
Nicht fest werden lassen.
Abkühlen lassen.

200 g Mehl mit
2 TL Backpulver
mischen.

80 g Butter im
Topf schmelzen.

80 g Butter, 100 g Zucker,
200 g saure Sahne, 4 EL Orangensaft
und 1 Prise Salz verquirlen.
2 Eier unterrühren.

Mehlmischung und die
Honigmandeln unterrühren.

Teig in die
Blechvertiefungen füllen.

Backen: im vorgeheizten Ofen
mittlere Schiene – 25 Minuten.
E-Herd: 180 °C,
Gasherd: Regler 2.

Muffins 5 Minuten auskühlen
lassen, herausnehmen.

Waffeln

125 g Margarine
50 g Zucker
1 Vanillinzucker
2 Eier
¼ l Milch
250 g Mehl
1 TL Backpulver

Speiseöl

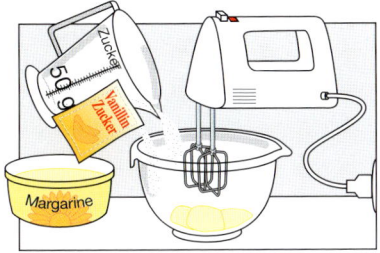

Fett, Zucker und Vanillinzucker
schaumig rühren.

Eier dazugeben,
schaumig rühren.

Backpulver mit
dem Mehl mischen.

Mehl und Milch
abwechselnd unterrühren.

Waffeleisen fetten
und vorheizen.

Teig in die Mitte des Waffeleisens
geben. Deckel beim Schließen
andrücken, damit die Masse
gleichmäßig verteilt wird.

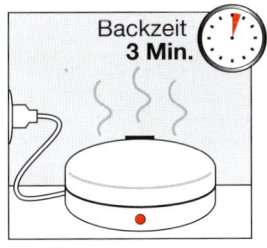

Waffeln
3 Minuten backen.

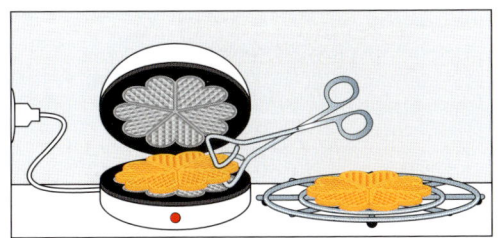

Waffeln herausnehmen.
Auf einem Rost auskühlen lassen.

Herzen auseinander-
schneiden.

Zwetschgenkuchen (16 Stück)

150 g Magerquark
75 g Zucker
6 EL Milch
6 EL Öl
1 Pr. Salz
300 g Weizenmehl
1 Backpulver / 4 gestr. TL

Belag:
1 kg Zwetschgen
Zucker zum Bestreuen

1 kg Zwetschgen waschen.

Zwetschgen halbieren und entsteinen.

Quark, Zucker, Milch, Öl und 1 Pr. Salz in eine Schüssel geben.

Zutaten verkneten.

Backpulver unter das Mehl mischen.

Mehl und Backpulver unterkneten.

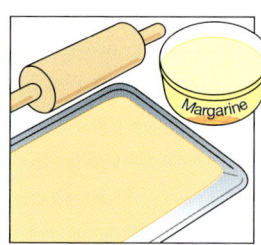

Teig auf einem gefetteten Backblech ausrollen.

Zwetschgen mit der Innenfläche nach oben auf den Teig legen.

Backen: mittlere Schiene – 20 Minuten.
E-Herd: 200 °C, **Gasherd:** Regler 3.

Zwetschgenkuchen nach dem Backen mit etwas Zucker bestreuen.

Vanillekipferl (etwa 100 Stück)

250 g Mehl,
1 Pr. Backpulver,
125 g Zucker,
1 Vanillinzucker,
1 Pr. Salz,
3 Eigelb,
200 g Butter und
125 g gemahlene Mandeln in eine Rührschüssel geben. Zutaten verkneten. Eine Teigrolle formen, kleine Stücke abschneiden, etwa 5 cm lange Rollen formen.

Kipferl auf ein gefettetes Backblech setzen.
Backen: obere Schiene – 10 Minuten.
E-Herd: 190 °C, **Gasherd:** Regler 3.

Zimtsterne (etwa 40 Stück)

3 Eiklar steif schlagen,
200 g Puderzucker nach und nach unterschlagen.
4 EL von der Schaummasse abnehmen.

1 Vanillinzucker,
1 TL Zimt und
325 g gemahlene Mandeln vorsichtig unter den restlichen Eischnee heben.

Puderzucker Masse ½ cm dick auf ausrollen. Sterne ausstechen, auf ein mit Backtrennpapier belegtes Backblech setzen. Mit der restlichen Eiklar-Zucker-Schaummasse bestreichen.
Backen: obere Schiene – 30 Minuten.
E-Herd: 150 °C, **Gasherd:** Regler 1.

Wespennester (etwa 40 Stück)

3 Eiklar steif schlagen.
250 g Zucker,
1 Vanillinzucker,
125 g geriebene Schokolade,
250 g gehackte Mandeln zum Eischnee geben, vorsichtig unterheben. Mit einem Löffel Häufchen auf ein mit Backtrennpapier belegtes Backblech setzen.

Backen: obere Schiene – 30 Minuten.
E-Herd: 150 °C, **Gasherd:** Regler 1.

Nährwerttabelle

Die Nährstoffangaben beziehen sich auf 100 g käufliche Ware. Z. B. 100 g Kartoffeln mit Schale = 80 g Kartoffeln ohne Abfall.

* Lebensmittelmenge in Portion, Stück/Scheibe oder EL.
\+ = in Spuren vorhanden.

Lebensmittel 100 g bzw. ml eingekaufte Ware	Eiweiß g	Fett g	Kohlenhydrate g	Ballaststoffe g	Energie kJ	Energie kcal	Calcium mg	Eisen mg	A µg	B$_1$ mg	B$_2$ mg	C mg	Wasser ml	Menge* g bzw. ml
Alkoholfreie Getränke														
Apfelsaft	+	+	12	+	205	49	7	0,3	7	0,02	0,02	4	87	200
Apfelfruchtsaftgetränk	+	+	12	+	205	49	3	0,1	3	0,01	0,01	2	87	200
Cola-Getränk	0	0	11	0	185	44	4	0	0	0	0	0	88	200
Cola-Getränk, light	0	0	+	0	10	2	3	0	0	0	0	0	99	200
Früchtetee	0	0	0	0	5	1	10	0,1	0	0,01	0,01	0	99	200
Gemüsesaft	1	+	6	+	120	29	40	0,3	50	0,05	0,05	10	92	200
Grapefruitsaft	1	+	10	+	185	44	8	0,5	2	0,03	0,02	35	88	200
Holunderbeersaft	2	+	8	+	170	40	5	1,0	40	0,03	0,06	26	90	200
Johannisbeernektar, rot	0	+	12	+	205	49	15	0,3	4	0,01	0,01	6	86	200
Karottensaft	1	+	6	+	120	29	27	0,2	437	0,01	0,01	4	92	200
Kirschsaft	1	+	5	+	100	24	8	0,2	1	0,01	0,01	5	93	200
Limonade	0	0	12	0	205	49	5	0,1	0	0	0	0	88	200
Mineralwasser	0	0	0	0	0	0	10	0,2	0	0	0	0	99	200
Multivitaminnektar	1	+	11	+	205	49	20	0,3	220	0,50	0,80	40	87	200
Orangensaft	1	+	10	+	185	44	13	0,3	12	0,08	0,02	44	88	200
Orangennektar	+	+	10	+	170	40	7	0,1	6	0,04	0,01	40	88	200
Tee, schwarz	0	0	0	0	0	0	10	0,1	0	0	0,01	0	99	250
Tomatensaft	1	+	4	+	85	20	15	0,6	90	0,05	0,04	17	94	200
Traubensaft	+	+	18	+	305	73	12	0,4	1	0,04	0,02	1	80	200
Zitronensaft	0	0	8	+	135	32	11	0,1	0	0,04	0,01	53	90	EL 10
Getreide und Mehle														
Amarant	15	9	57	4	1575	375	215	9,0	+	0,80	0,20	0	17	EL 10
Buchweizen	9	2	71	4	1440	343	20	3,2	0	0,25	0,15	0	12	EL 10
Buchweizen, Grütze	8	2	73	3	1455	346	10	2,0	0	0,30	0,08	0	12	EL 10
Cornflakes	7	1	80	4	1520	362	13	2,0	0	0,06	0,06	75	12	30
Gerste	10	2	63	10	1320	314	40	2,8	1	0,45	0,18	0	13	60
Grünkern	11	3	63	9	1375	327	22	4,2	10	0,40	0,15	0	12	60
Hafer	12	7	60	6	1495	356	80	5,8	0	0,52	0,17	0	13	60
Haferflocken	13	7	63	5	1565	373	50	4,0	0	0,65	0,15	0	13	EL 10
Hirse	10	4	69	3	1500	357	25	7,0	0	0,26	0,14	0	11	60
Maismehl	8	3	72	5	1475	351	18	2,4	300	0,44	0,13	0	11	10
Müsli mit Nüssen	12	12	55	7	1605	382	90	4,4	2	0,42	0,10	0	12	EL 10
Nudeln, gekocht	5	1	28	1	600	143	10	0,9	25	0,04	0,04	0	64	150
Vollkornnudeln, gekocht	5	2	24	4	570	136	20	1,0	25	0,10	0,03	0	63	150
Vollkornreis, gekocht	3	1	27	1	550	131	33	0,7	0	0,07	0,02	0	66	150
Reis, poliert, gekocht	2	+	29	+	530	126	9	0,1	0	0,01	0,01	0	73	150
Wildreis	7	2	73	3	1440	343	25	2,0	0	4,00	0,09	0	13	60
Roggen	9	2	61	13	1270	302	65	4,6	60	0,35	0,17	0	13	60
Roggenmehl, Type 1800	10	2	59	13	1250	298	25	2,7	58	0,30	0,14	0	14	EL 10
Roggenmehl, Type 1150	8	1	68	8	1330	317	20	2,4	41	0,22	0,10	0	14	EL 10
Speisestärke	+	+	86	1	1460	348	0	0	0	0	0	0	12	EL 10
Weizen	12	2	61	10	1320	314	44	3,3	3	0,50	0,15	0	13	60
Weizenmehl, Type 1700	11	2	60	10	1285	306	40	3,3	0	0,45	0,15	0	15	EL 10
Weizenmehl, Type 550	11	1	68	4	1380	329	15	1,9	0	0,11	0,10	0	15	EL 10
Weizenmehl, Type 405	10	1	71	4	1415	337	15	1,1	0	0,06	0,03	0	13	EL 10
Weizengrieß	10	1	70	7	1400	333	15	1,0	0	0,12	0,04	0	10	EL 10
Weizenkeime	27	9	24	24	1220	290	70	8,1	10	2,00	0,72	0	12	EL 10
Brot und Backwaren														
Baguette	8	1	55	3	1110	262	18	1,2	0	0,06	0,05	0	31	80
Brötchen (Semmeln)	8	2	50	3	1065	254	27	1,2	0	0,10	0,03	0	36	40
Butterkeks	8	11	74	3	1825	435	45	1,8	135	0,05	0,08	0	3	6
Croissant	6	26	35	1	1710	407	80	1,0	120	0,06	0,05	0	31	30
Erdnussflips	10	35	46	4	2315	551	20	2,7	80	0,35	0,20	0	4	40
Grahambrot	8	1	44	8	925	220	45	1,6	2	0,21	0,20	0	37	50
Knäckebrot	9	1	66	14	1315	313	85	4,7	2	0,20	0,18	0	9	10
Laugenbrezel	8	1	50	2	1025	244	20	0,9	4	0,10	0,10	0	38	55
Mehrkornbrot	8	2	43	9	945	225	25	2,2	0	0,13	0,12	0	36	40
Pumpernickel	8	1	41	10	855	204	55	1,9	0	0,05	0,05	0	40	30
Roggenbrot	7	1	48	6	955	227	30	2,5	0	0,18	0,11	0	38	40
Roggenvollkornbrot	6	1	41	8	855	204	40	3,3	5	0,18	0,15	0	31	50
Roggen-Toastbrot	7	4	48	4	1090	260	35	1,8	25	0,13	0,35	0	36	20
Weizen-Toastbrot	7	4	48	4	1090	260	45	1,4	25	0,10	0,19	0	36	20
Weizenvollkornbrot	7	1	41	8	855	204	60	2,0	5	0,25	0,15	0	42	50
Paniermehl, Semmelbrösel	7	2	72	4	1505	358	30	2,6	0	0,20	0,30	0	9	EL 10
Waffeln	12	30	30	1	1750	417	100	0,9	100	0,03	0,11	0	34	40
Zwieback, eifrei	4	4	73	4	1550	369	20	1,0	6	0,11	0,07	0	9	10
Backpulver	+	0	25	0	425	101	1100	0	0	0	0	0	0	EL 10
Hefe	17	1	0	0	310	74	28	4,9	0	1,43	2,31	0	73	40

Lebensmittel 100 g bzw. ml eingekaufte Ware	Eiweiß g	Fett g	Kohlenhydrate g	Ballaststoffe g	Energie kJ	Energie kcal	Calcium mg	Eisen mg	A µg	B₁ mg	B₂ mg	C mg	Wasser ml	Menge* g bzw. ml

Kartoffeln

Lebensmittel	Eiweiß	Fett	KH	Ballast	kJ	kcal	Calcium	Eisen	A	B₁	B₂	C	Wasser	Menge
Kartoffeln, ungeschält	2	+	15	3	290	69	10	0,4	1	0,10	0,05	17	78	250
Bratkartoffeln	3	8	19	2	685	163	12	1,1	1	0,09	0,04	16	66	200
Kartoffelbrei	2	2	12	1	315	75	42	0,6	1	0,07	0,07	9	81	200
Kartoffelchips	6	40	41	4	2360	562	50	2,3	10	0,20	0,10	17	7	30
Kartoffelklöße	4	1	19	1	430	102	15	1,0	10	0,09	0,08	9	73	200
Kartoffelkroketten	2	18	23	1	1125	268	12	1,1	10	0,07	0,10	8	54	150
Kartoffelpuffer	5	21	25	2	1330	317	20	1,4	10	0,10	0,30	13	46	50
Pellkartoffeln	2	+	17	2	290	69	10	0,8	1	0,10	0,04	18	77	200
Pommes frites	4	13	31	4	1100	262	20	1,6	7	0,15	0,20	23	44	150
Salzkartoffeln	2	+	15	2	290	69	20	0,7	1	0,07	0,03	12	79	200

Gemüse

Lebensmittel	Eiweiß	Fett	KH	Ballast	kJ	kcal	Calcium	Eisen	A	B₁	B₂	C	Wasser	Menge
Auberginen	2	+	3	1	90	21	80	0,4	7	0,04	0,05	5	92	300
Avocados	2	15	4	3	685	163	10	0,6	32	0,08	0,15	13	74	200
Bambussprossen	3	+	5	2	140	33	15	0,7	5	0,13	0,08	7	89	250
Blattsellerie	1	+	4	2	90	21	50	0,5	5	0,03	0,04	7	91	150
Blumenkohl	3	+	3	3	100	24	20	0,6	2	0,11	0,10	73	89	250
Bohnen, dick	6	1	13	2	360	86	25	2,0	50	0,23	0,14	33	76	250
Bohnen, grün	2	+	5	2	120	29	60	0,8	60	0,08	0,12	20	89	200
Brokkoli	3	+	3	3	105	25	105	1,3	145	0,10	0,21	114	89	250
Champignons	3	+	1	2	70	17	20	1,1	2	0,10	0,45	4	92	150
Chicorée	1	+	2	1	55	13	25	0,7	575	0,05	0,03	10	94	150
Chinakohl	1	+	1	2	40	10	40	0,6	70	0,03	0,04	36	94	150
Eisbergsalat	1	+	2	1	55	13	20	0,4	210	0,11	0,01	3	94	150
Endivien	2	+	+	2	40	10	55	1,4	280	0,05	0,12	9	94	150
Erbsen, grün	7	1	13	4	380	90	25	1,8	50	0,30	0,16	25	73	250
Essiggurke	1	+	3	1	70	17	30	1,6	65	0	0,02	5	93	50
Feldsalat, Rapunzel	2	+	1	2	55	13	35	2,0	650	0,07	0,08	35	92	50
Frühlingszwiebel	2	+	3	2	90	21	40	1,9	105	0,05	0,03	26	91	50
Fenchel	2	+	3	3	90	21	100	2,7	785	0,22	0,11	93	90	100
Gelbe Rüben	1	+	5	3	105	25	40	2,1	1600	0,07	0,05	7	89	250
Grünkohl	4	1	3	4	160	38	210	1,9	860	0,10	0,25	105	86	250
Knoblauch	6	+	24	4	515	123	38	1,4	0	0,20	0,08	14	64	10
Kohlrabi	2	+	4	1	100	24	70	0,9	35	0,05	0,05	64	91	250
Kopfsalat	1	+	1	2	40	10	35	1,1	240	0,06	0,08	13	94	100
Kürbis	1	+	5	1	100	24	22	0,8	125	0,05	0,07	12	91	250
Mangold	2	+	1	3	55	13	105	2,7	590	0,10	0,16	39	92	200
Paprikaschote	1	+	3	2	120	29	10	0,8	180	0,06	0,05	139	92	250
Peperoni	3	1	1	2	105	25	30	1,2	80	0,07	0,08	120	91	5
Pfifferlinge	2	1	+	6	75	18	4	6,5	217	0,02	0,20	6	90	150
Petersilie, Kresse	4	+	1	4	90	21	245	5,5	730	0,14	0,30	166	89	EL 5
Porree, Lauch	2	+	3	2	90	21	87	1,0	165	0,10	0,06	30	91	250
Radieschen, Rettich	1	+	2	2	55	13	35	1,5	4	0,03	0,03	29	93	125
Rhabarber	1	+	3	3	70	17	52	0,5	12	0,03	0,03	10	91	125
Rosenkohl	5	+	4	4	155	40	30	1,1	75	0,15	0,14	114	85	250
Rote Bete	2	+	9	3	185	44	30	0,9	2	0,02	0,04	10	86	250
Rotkohl	2	+	4	3	100	24	35	0,5	3	0,07	0,05	50	89	250
Salatgurke	1	+	2	1	55	13	15	0,5	65	0,02	0,03	8	94	150
Sauerkraut	2	+	2	2	70	17	50	0,6	3	0,03	0,05	20	92	125
Schnittlauch	3	+	5	6	135	32	130	1,6	50	0,14	0,15	47	84	EL 5
Schwarzwurzeln	1	+	2	17	55	13	50	3,3	3	0,10	0,50	4	78	250
Sellerieknolle	1	+	5	4	105	25	50	0,4	2	0,05	0,05	6	88	125
Senf	6	6	6	1	440	105	70	2,0	10	0	0,20	3	79	EL 15
Spargel	2	+	2	2	70	17	20	1,0	85	0,10	0,10	21	92	250
Spinat	3	+	1	2	70	17	120	4,1	780	0,10	0,20	52	92	250
Steckrübe	1	+	1	2	40	10	50	0,5	50	0,05	0,06	33	94	250
Tomate	1	+	3	2	70	17	15	0,5	85	0,06	0,04	24	92	70
Tomatenketchup	2	+	24	1	445	106	25	1,2	100	0,07	0,06	10	71	EL 15
Tomatenmark	2	1	9	1	225	54	27	0,5	102	0,09	0,06	9	85	EL 15
Weißkraut	1	+	5	3	105	25	45	0,5	12	0,05	0,04	46	89	250
Wirsingkohl	3	+	3	2	100	24	47	0,9	7	0,05	0,06	45	90	250
Zucchini	2	+	2	1	70	17	30	1,5	30	0,05	0,09	16	93	250
Zuckermais	3	1	16	4	376	90	6	0,6	8	0,15	0,12	12	74	250
Zwiebel	1	+	6	3	120	29	31	0,5	1	0,03	0,03	9	88	55

Hülsenfrüchte

Lebensmittel	Eiweiß	Fett	KH	Ballast	kJ	kcal	Calcium	Eisen	A	B₁	B₂	C	Wasser	Menge
Bohnen, weiß	21	2	57	17	1405	335	105	6,1	67	0,45	0,15	3	2	60
Bohnensprossen	5	1	2	2	160	38	30	1,0	0	0,37	0,22	20	88	100
Erbsen, gelb, geschält	22	1	59	16	1415	337	51	5,2	13	0,75	0,27	1	1	60
Kichererbsen	20	3	49	21	1290	307	125	6,9	30	0,50	0,20	4	5	60
Kidneybohnen	22	1	44	16	1160	276	100	6,4	1	0,65	0,20	4	15	60
Limabohnen	19	1	45	20	1130	269	85	6,3	1	0,50	0,20	0	13	60
Linsen	24	1	56	11	1400	333	75	6,9	20	0,45	0,25	2	7	60
Saubohnen	24	2	49	22	1320	314	100	6,0	65	0,4	0,20	0	1	60
Sojabohnen	34	18	6	22	1380	329	200	6,6	63	1,0	0,50	0	10	60
Sojadrink	3	2	2	0	165	39	3	0,8	1	0,12	0,04	0	91	200
Sojasprossen	5	1	3	1	175	42	42	0,8	4	0,20	0,12	0	88	100
Tofu	7	4	3	+	325	77	510	1,2	2	0,06	0,02	0	84	100

Lebensmittel 100 g bzw. ml eingekaufte Ware	Eiweiß g	Fett g	Kohlen-hydrate g	Ballast-stoffe g	Energie kJ	Energie kcal	Calcium mg	Eisen mg	A µg	B$_1$ mg	B$_2$ mg	C mg	Wasser ml	Menge* g bzw. ml
Obst														
Ananas	+	+	20	1	340	81	16	0,4	3	0,08	0,03	20	77	125
Apfel, frisch	+	+	12	2	210	50	7	0,5	4	0,04	0,03	12	86	160
Apfel, getrocknet	1	1	65	10	1160	276	30	1,2	3	0,10	0,11	11	21	10
Aprikose, frisch	1	+	11	2	205	49	17	0,6	265	0,04	0,05	10	84	50
Aprikose, getrocknet	5	+	70	9	1275	304	82	4,4	5790	0,01	0,11	12	14	10
Backobst	3	1	57	9	1060	252	50	2,5	265	0,10	0,11	10	27	75
Banane	1	+	16	3	290	69	8	0,6	8	0,05	0,06	11	78	150
Birne	1	+	13	3	240	57	9	0,3	3	0,03	0,04	5	81	150
Brombeeren	1	+	9	3	170	40	44	0,9	45	0,03	0,04	17	85	125
Clementine	1	+	8	2	155	37	30	0,2	11	0,09	0,04	54	87	60
Datteln, frisch	1	+	27	3	475	113	21	0,3	25	0,05	0,06	12	67	30
Datteln, getrocknet	2	+	65	9	1140	248	63	1,9	30	0,04	0,07	3	34	8
Erdbeeren	1	+	7	2	140	33	25	1,0	3	0,03	0,06	62	88	125
Feigen, frisch	1	+	13	2	240	57	54	0,6	8	0,06	0,05	3	82	30
Feigen, getrocknet	4	1	55	10	1040	248	190	3,2	8	0,11	0,10	2	32	20
Granatapfel	+	+	9	6	155	40	8	0,5	0	0,05	0,02	7	86	200
Grapefruit	1	+	7	1	135	32	10	0,2	34	0,05	0,03	44	89	375
Hagebutten	4	0	19	6	390	93	255	0,5	800	0,06	0,07	1250	69	125
Heidelbeeren	1	+	13	5	240	57	13	0,9	6	0,02	0,05	22	79	125
Himbeeren	1	+	8	5	155	37	40	1,0	4	0,03	0,07	25	84	125
Holunderbeeren	3	+	7	7	170	40	37	1,6	60	0,07	0,07	18	81	125
Honigmelone	1	+	5	1	100	24	6	0,2	783	0,06	0,02	32	91	150
Johannisbeeren, rot	1	+	9	4	170	40	30	0,9	4	0,04	0,03	36	84	125
Johannisbeeren, schwarz	1	+	12	7	220	52	45	1,3	13	0,05	0,05	190	78	125
Kirschen	1	+	14	1	255	61	17	0,4	6	0,04	0,04	15	82	125
Kiwi	1	+	12	4	220	52	40	0,8	7	0,02	0,05	71	81	50
Mandarine	1	+	8	2	155	40	33	0,3	71	0,06	0,03	32	87	60
Mango	1	+	11	2	205	49	10	0,4	200	0,05	0,4	37	84	150
Mirabellen	1	+	15	2	270	64	12	0,5	38	0,06	0,04	7	80	35
Nektarine	1	+	16	2	290	69	4	0,5	1	0,02	0,05	8	79	125
Obstcocktail	+	+	15	1	255	61	5	0,3	20	0,01	0,01	5	82	125
Oliven	1	14	2	2	600	143	95	1,7	48	0,03	0,08	0	79	5
Orange	1	+	9	2	170	40	42	0,4	11	0,09	0,04	50	86	200
Papaya	+	+	8	2	135	32	20	0,4	160	0,03	0,04	80	88	150
Pfirsich	1	+	10	2	185	44	8	0,5	15	0,03	0,05	10	85	125
Pflaume, Zwetsche	1	+	14	2	255	61	15	0,4	65	0,07	0,04	5	81	35
Pflaume, getrocknet	2	+	59	9	1035	246	40	2,3	23	0,15	0,12	4	28	8
Preiselbeeren	+	+	9	3	155	40	14	0,5	4	0,02	0,02	12	86	125
Quitten	+	+	7	6	120	29	10	0,6	6	0,03	0,03	14	85	125
Renekloden	1	+	14	2	255	61	13	1,1	30	0,05	0,04	6	81	35
Korinthen	2	+	63	7	1105	263	95	1,8	30	0,03	0,08	0	25	EL 10
Stachelbeeren	1	+	9	3	170	40	25	0,6	18	0,02	0,02	34	85	125
Sultaninen	2	+	65	7	1140	271	50	1,8	30	0,10	0,08	0	26	EL 10
Wassermelone	+	+	3	2	50	12	11	0,4	87	0,05	0,05	6	93	150
Weintrauben	1	+	15	2	270	64	18	0,5	5	0,05	0,03	4	80	125
Zitronen	1	+	5	4	100	24	10	0,5	1	0,05	0,02	53	88	80
Nüsse														
Cashewnüsse	18	42	30	3	2455	585	30	2,8	10	0,63	0,25	0	5	2
Erdnüsse, frisch	26	48	8	11	2450	583	40	1,8	1	0,90	0,15	0	5	75
Erdnüsse, geröstet	26	49	9	11	2505	596	65	2,3	110	0,25	0,14	0	3	50
Erdnussbutter	28	50	17	1	2715	646	65	2,0	110	0,13	0,13	0	2	EL 10
Haselnüsse	14	62	13	7	2875	685	225	3,8	5	0,40	0,20	3	2	2
Kokosnuss	4	37	5	9	1595	380	20	2,3	0	0,06	0,01	0	43	50
Kokosraspel	6	62	6	9	2620	624	22	3,6	0	0,04	0,60	2	21	EL 10
Leinsamen	19	31	7	37	1755	418	260	8,2	0	0,17	0,16	0	6	EL 10
Mandeln	18	54	16	10	2685	639	250	4,1	23	0,22	0,60	1	2	2
Maronen, Esskastanie	3	1	42	5	805	191	33	1,4	4	0,23	0,22	20	49	5
Mohnsamen	20	42	4	20	2045	487	2	9,5	10	0,85	0,17	0	12	EL 10
Paranüsse	14	67	7	7	2970	707	130	3,4	3	1,00	0,04	1	3	4
Pekannüsse	9	72	4	7	3030	721	75	2,4	13	0,86	0,13	2	6	4
Pinienkerne	13	60	21	1	2920	695	12	5,2	8	1,30	0,23	1	3	EL 10
Pistazienkerne	21	52	12	7	2590	617	130	7,3	25	0,69	0,20	7	6	1
Sesamsamen	21	50	1	8	2325	554	785	10,0	6	1,00	0,25	0	17	EL 10
Sonnenblumenkerne	27	49	8	7	2505	596	100	6,3	2	1,90	0,14	0	1	EL 25
Walnüsse	15	63	14	5	2950	702	85	2,1	10	0,35	0,10	3	1	4
Milch und Milchprodukte														
Vollmilch, 3,5 % Fett	4	4	5	0	310	74	120	0,1	31	0,04	0,18	2	85	200
Roh-, Vorzugsmilch	4	4	5	0	310	74	120	0,1	31	0,04	0,18	2	85	200
Milch, fettarm	4	2	5	0	230	55	118	0,1	13	0,04	0,18	2	87	200
Milch, entrahmt	4	0	5	0	155	40	123	0,1	2	0,04	0,17	1	89	200
Buttermilch	4	1	4	0	175	42	110	0,1	9	0,03	0,16	1	89	200
Dickmilch	4	3	4	0	255	61	120	0,1	31	0,03	0,18	1	87	150
Joghurt, Vollmilch	5	4	5	0	325	77	120	0,1	31	0,04	0,18	2	84	150

Lebensmittel 100 g bzw. ml eingekaufte Ware	Eiweiß g	Fett g	Kohlen-hydrate g	Ballast-stoffe g	Energie kJ	Energie kcal	Calcium mg	Eisen mg	A µg	B₁ mg	B₂ mg	C mg	Wasser ml	Menge* g bzw. ml
Vollmilchjoghurt mit Früchten	4	3	15	1	410	98	120	0,1	20	0,04	0,15	224	76	150
Joghurt, fettarm	4	2	5	0	230	55	115	0,1	13	0,04	0,17	2	87	150
Joghurt, entrahmt	5	0	5	0	170	40	123	0,1	2	0,04	0,17	2	88	150
Kakaotrunk	4	1	10	0	275	65	120	0,3	30	0,04	0,17	1	83	200
Kefir	4	4	5	0	310	74	120	0,1	31	0,04	0,17	3	85	150
Kondensmilch, 10 % Fett	9	10	13	0	765	182	320	0,1	72	0,09	0,50	1	66	EL 15
Sahne, saure	3	18	4	0	820	195	110	0,1	74	0,04	0,16	1	73	EL 15
Schlagsahne	2	30	4	0	1270	302	80	0,1	275	0,03	0,15	1	62	EL 15
Schmand	3	24	3	0	1040	248	93	0,1	200	0,04	0,14	1	68	EL 15
Crème fraîche	2	40	3	0	1645	392	73	0,1	275	0,03	0,11	1	53	EL 15

Käse und Quark

Lebensmittel	Eiweiß g	Fett g	Kohlen-hydrate g	Ballast-stoffe g	kJ	kcal	Calcium mg	Eisen mg	A µg	B₁ mg	B₂ mg	C mg	Wasser ml	Menge g bzw. ml
Brie	21	26	1	0	1390	331	400	0,3	280	0,04	0,52	0	50	30
Butterkäse	17	35	1	0	1670	398	600	0,4	380	0,05	0,30	0	45	30
Chester	25	32	1	0	1690	402	750	0,6	360	0,04	0,45	0	40	30
Camembert, 45 % Fett	21	22	2	0	1250	298	570	0,2	240	0,04	0,50	0	53	30
Camembert, 30 % Fett	23	13	1	0	915	218	600	0,2	140	0,04	0,56	0	61	30
Doppelrahmfrischkäse	15	35	2	0	1655	394	80	0,1	310	0,02	0,20	0	45	30
Rahmfrischkäse	14	24	1	0	1190	283	110	0,4	200	0,04	0,26	0	59	30
Edamer Käse, 45 % Fett	24	26	3	0	1475	351	680	0,6	280	0,05	0,30	0	45	30
Edamer Käse, 30 % Fett	25	15	2	0	1045	249	800	0,6	180	0,06	0,35	0	54	30
Emmentaler Käse	28	31	2	0	1665	396	1020	0,3	330	0,05	0,34	0	39	30
Feta, Schafskäse	17	19	1	0	1045	249	450	0,7	210	0,04	0,30	0	61	40
Goudakäse	24	27	2	0	1495	356	800	0,3	300	0,04	0,30	0	45	30
Harzer-/Korbkäse	27	+	4	0	525	125	125	0,3	10	0,03	0,35	0	67	30
Mozzarella	20	16	1	0	980	233	450	0,3	200	0,04	0,35	0	61	30
Raclettekäse	23	28	1	0	1500	357	750	0,3	310	0,04	0,30	0	46	30
Schmelzkäse, 45 % Fett	14	24	6	0	1275	304	545	0,9	250	0,03	0,38	0	54	30
Schmelzkäse, 20 % Fett	25	9	7	0	895	213	600	0,9	110	0,03	0,38	0	57	30
Schmelzkäse, Scheibletten	22	11	5	0	890	212	700	0,9	120	0,03	0,38	0	60	30
Tilsiter	26	28	1	0	1550	369	800	0,2	280	0,04	0,35	0	43	30
Kräuterquark	10	10	5	1	645	154	90	0,3	200	0,03	0,25	2	73	50
Sahnequark, 40 % Fett	12	11	3	0	720	171	120	0,4	100	0,03	0,24	1	62	50
Speisequark, 20 % Fett	13	5	3	0	485	115	120	0,4	44	0,04	0,27	1	77	50
Speisequark, mager	14	+	4	0	305	73	120	0,4	20	0,04	0,30	1	80	50

Hühnereier

Lebensmittel	Eiweiß g	Fett g	Kohlen-hydrate g	Ballast-stoffe g	kJ	kcal	Calcium mg	Eisen mg	A µg	B₁ mg	B₂ mg	C mg	Wasser ml	Menge g bzw. ml
Hühnerei, Stück	7	6	1	0	370	88	30	1,2	115	0,04	0,17	0	45	60
Eidotter, mittelgroß, Stück	3	6	1	0	300	71	28	1,2	115	0,03	0,10	0	9	20
Eiklar, mittelgroß, Stück	4	+	+	0	70	17	2	0,1	0	0,01	0,07	0	25	30
Rührei	12	14	1	0	765	182	70	1,8	190	0,10	0,28	0	71	50
Spiegelei	13	18	1	0	940	224	50	1,7	190	0,07	0,28	0	66	50

Fisch

Lebensmittel	Eiweiß g	Fett g	Kohlen-hydrate g	Ballast-stoffe g	kJ	kcal	Calcium mg	Eisen mg	A µg	B₁ mg	B₂ mg	C mg	Wasser ml	Menge g bzw. ml
Aal	9	18	+	0	855	204	17	0,6	980	0,18	0,32	2	71	150
Barsch	18	1	+	0	345	82	20	1,0	7	0,08	0,12	1	79	200
Felchen	9	3	+	0	270	64	60	0,5	21	0,08	0,08	1	86	150
Forelle	10	1	+	0	210	50	18	0,7	12	0,08	0,08	1	87	150
Hecht	10	1	+	0	210	50	20	1,1	15	0,09	0,06	1	87	200
Heilbutt	16	2	+	0	350	83	15	0,6	32	0,08	0,07	1	80	200
Hering, Filet	18	15	+	0	890	212	35	1,1	40	0,05	0,25	1	65	200
Kabeljau-, Dorschfilet	17	+	+	0	290	69	11	0,5	10	0,05	0,05	2	81	150
Karpfen	10	3	+	0	285	68	50	1,1	44	0,07	0,05	1	85	200
Lachs	13	9	+	0	570	136	13	1,0	15	0,17	0,17	1	76	150
Makrele	12	8	+	0	515	123	12	1,0	100	0,13	0,36	1	78	200
Rot-, Goldbarschfilet	18	4	+	0	460	110	22	0,7	12	0,11	0,08	1	76	150
Schellfisch	10	+	+	0	170	40	18	0,6	17	0,05	0,17	1	88	200
Scholle	10	+	+	0	170	40	60	0,9	3	0,21	0,22	2	88	200
Seehecht	10	1	+	0	210	50	40	0,8	3	0,10	0,20	1	87	200
Seelachsfilet	18	1	+	0	345	82	15	1,0	11	0,10	0,35	0	79	150
Thunfisch	22	16	+	0	1000	238	20	1,0	450	0,16	0,16	1	60	200
Zander	19	1	+	0	360	86	27	1,4	2	0,16	0,25	1	78	200

Fischdauerwaren

Lebensmittel	Eiweiß g	Fett g	Kohlen-hydrate g	Ballast-stoffe g	kJ	kcal	Calcium mg	Eisen mg	A µg	B₁ mg	B₂ mg	C mg	Wasser ml	Menge g bzw. ml
Aal, geräuchert	14	22	+	0	1095	261	20	0,7	940	0,20	0,36	1	62	50
Bismarckhering	16	15	+	0	855	204	38	1,5	36	0,05	0,21	0	67	100
Brathering	17	15	+	0	875	208	26	1,1	20	0,01	0,13	0	66	100
Fischfrikadelle	12	14	16	2	1070	255	8	0,5	8	0,11	0,15	0	54	50
Fischstäbchen	16	7	20	1	885	211	7	0,4	8	0,13	0,13	0	54	30
Forellenfilet, geräuchert	32	5	+	0	740	176	26	1,2	80	0,07	0,19	10	61	50
Garnelen, ausgelöst	19	1	0	0	360	86	90	1,8	2	0,05	0,03	2	78	50
Heringsfilet in Tomatensoße	15	15	3	0	875	208	50	1,9	10	0,06	0,18	5	66	100
Heringssalat	5	24	+	1	1070	255	30	1,0	10	0,04	0,06	0	65	50
Hummer, ausgelöst	16	2	0	0	350	83	60	1,0	1	0,13	0,09	1	80	50
Krabben	19	2	2	0	435	106	100	1,7	0	0,05	0,04	1	75	50
Lachs, geräuchert	25	5	+	0	620	148	20	0,6	15	0,16	0,17	1	68	40
Matjeshering	16	23	+	0	1170	255	43	1,3	15	0,05	0,21	0	59	80

Lebensmittel 100 g bzw. ml eingekaufte Ware	Eiweiß g	Fett g	Kohlen-hydrate g	Ballast-stoffe g	Energie kJ	Energie kcal	Calcium mg	Eisen mg	A µg	B₁ mg	B₂ mg	C mg	Wasser ml	Menge* g bzw. ml
Rollmops	16	15	+	+	855	204	60	2,6	9	0,05	0,14	1	67	50
Scampi	17	1	1	0	345	82	68	1,3	25	0,10	0,08	2	79	50
Schillerlocke	21	24	+	0	1295	308	20	1,1	20	0,05	0,10	0	53	65
Shrimps, ausgelöst	17	1	0	0	330	79	125	2,5	2	0,01	0,02	1	80	50
Tintenfisch	12	1	+	0	245	58	27	1,0	450	0,10	0,10	1	85	125
Thunfisch in Öl	24	21	+	0	1225	292	10	0,6	370	0,05	0,06	1	53	50

Geflügel

Brathähnchen	15	4	+	0	415	99	10	0,7	35	0,08	0,14	2	79	250
Hähnchenkeule	15	2	+	0	335	80	15	1,8	30	0,10	0,24	0	81	200
Hähnchenbrust	16	1	+	0	310	74	14	1,1	30	0,07	0,09	1	81	125
Ente	15	14	+	0	800	190	11	2,4	50	0,14	0,30	0	69	125
Gans	10	20	+	0	950	226	12	1,9	65	0,12	0,26	0	68	125
Suppenhuhn	20	13	0	0	845	201	11	1,5	50	0,08	0,14	0	65	125
Putenfleisch	23	3	+	0	510	121	10	0,8	10	0,01	0,18	0	72	100

Kalbfleisch

Filet	21	1	+	0	395	94	12	2,1	0	0,15	0,30	0	75	125
Herz	16	5	+	0	465	111	16	3,7	6	0,60	1,10	5	77	125
Keule	21	2	+	0	435	104	13	2,3	0	0,15	0,27	0	75	125
Kotelett	21	3	+	0	475	113	13	2,1	1	0,14	0,26	0	74	125
Leber	19	4	+	0	480	114	9	7,9	21,9mg	0,28	2,61	35	75	100

Rindfleisch

Filet	21	1	+	0	395	94	3	2,3	20	0,23	0,26	0	75	125
Hackfleisch	20	9	+	0	690	164	10	2,5	12	0,16	0,16	0	69	90
Hochrippe	20	9	+	0	690	164	4	2,1	15	0,08	0,15	0	69	150
Keule	21	2	+	0	435	104	3	2,6	10	0,09	0,17	0	75	125
Leber	19	4	+	0	480	114	7	6,5	15,3mg	0,30	2,90	31	75	100
Ochsenschwanz	20	12	+	0	810	193	4	2,5	12	0,20	0,16	0	66	125
Roastbeef	22	4	+	0	530	126	3	2,5	15	0,09	0,16	0	72	125
Tatar	22	3	+	0	490	117	10	3,0	5	0,18	0,20	0	73	90
Zunge	17	6	+	0	525	125	10	3,0	0	0,14	0,29	0	75	125

Schweinefleisch

Eisbein	18	20	+	0	1085	258	11	1,5	8	0,32	0,19	0	60	125
Filet	20	9	+	0	690	164	2	3,0	6	1,10	0,31	0	69	125
Hackfleisch	20	11	+	0	770	183	9	3,0	5	0,80	0,20	0	67	90
Kasseler	21	17	+	0	1020	243	15	1,9	5	0,56	0,14	0	60	125
Keule	18	19	+	0	1045	249	9	1,7	0	0,80	0,19	0	61	125
Kotelett	20	9	+	0	690	164	11	1,8	9	0,80	0,19	0	69	125
Leber	20	6	+	0	575	137	10	15,8	39,1mg	0,31	3,17	23	72	100
Lende	22	2	+	0	450	107	5	1,5	6	0,95	0,28	0	74	125
Schnitzel, mager	21	2	+	0	435	104	9	1,7	6	0,80	0,19	0	75	125

Sonstige Fleischarten

Hase	17	2	+	0	365	87	14	2,8	0	0,09	0,06	0	79	125
Hirsch	16	3	+	0	390	93	7	2,3	0	0,10	0,25	0	79	125
Kaninchen	21	8	+	0	670	160	15	3,5	0	0,10	0,07	0	69	125
Lammgulasch	16	28	+	0	1365	325	7	1,2	0	0,10	0,18	0	54	125
Lammkotelett	15	35	+	0	1620	386	7	1,2	0	0,09	0,16	0	48	125
Reh	21	1	+	0	395	94	25	3,0	0	0,10	0,25	0	76	125

Wurst, Fleischwaren

Bierschinken	15	19	+	0	995	237	15	1,5	0	0,31	0,18	20	64	25
Big Mac	14	14	18	1	1090	260	95	1,4	28	0,40	0,13	1	52	80
Blutwurst	14	44	+	0	1955	465	7	6,4	6	0,07	0,13	0	40	25
Bockwurst	12	25	+	0	1180	281	11	0,6	2	0,23	0,06	20	61	100
Bratwurst, Kalb	10	25	+	0	1145	273	5	1,0	3	0,28	0,22	20	63	150
Bratwurst, Schwein	10	29	+	0	1300	310	5	1,0	3	0,28	0,22	20	59	150
Brühe, gekörnt	24	9	+	0	760	181	150	2,0	0	0,20	0,24	0	67	EL 10
Cervelatwurst	17	41	+	0	1890	450	25	1,7	4	0,10	0,20	0	40	20
Corned Beef, deutsch	22	6	+	0	610	145	30	2,5	10	0,03	0,10	20	70	25
Currywurst	19	24	+	0	1260	300	22	1,7	1	0,15	0,14	20	55	100
Fleischwurst	11	30	+	0	1355	323	14	1,7	3	0,50	0,16	20	57	100
Frikadelle	17	18	6	1	800	190	27	1,8	21	0,32	0,20	0	56	50
Geflügelwurst	16	5	+	0	465	111	25	1,9	24	0,18	0,23	20	77	25
Gelatine, Blatt	84	+	+	0	1430	340	10	0	0	0	0	0	14	2
Gelbwurst	12	33	+	0	1490	355	10	2,2	5	0,40	0,15	0	53	25
Jagdwurst	12	33	+	0	1490	355	14	2,9	0	0,11	0,12	20	53	25
Kasseler Aufschnitt	23	18	+	0	1095	261	35	1,7	4	0,91	0,24	0	57	25
Knackwurst	12	28	+	0	1295	308	28	2,0	15	0,20	0,20	20	58	100
Leber-, Fleischkäse	13	23	+	+	1120	267	4	2,0	4	0,10	0,12	0	62	25
Leberwurst, grob	12	40	1	+	1780	424	40	5,3	8300	0,21	0,92	20	45	30
Leberwurst, mager	17	21	+	0	1110	264	9	5,5	1700	0,15	1,10	20	60	30
Lyoner, Breslauer	12	30	+	0	1275	304	14	1,0	3	0,44	0,10	20	56	25
Mettwurst	12	51	+	0	2195	523	13	1,6	3	0,20	0,15	20	35	20
Mortadella	12	32	+	0	1450	345	40	3,1	0	0,10	0,15	20	54	20

Lebensmittel 100 g bzw. ml eingekaufte Ware	Eiweiß g	Fett g	Kohlen-hydrate g	Ballast-stoffe g	Energie		Mineralstoffe		Vitamine				Wasser	Menge*
					kJ	kcal	Calcium mg	Eisen mg	A µg	B$_1$ mg	B$_2$ mg	C mg	ml	g bzw. ml
Münchner Weißwurst	11	27	+	0	1240	295	25	2,1	2	0,43	0,13	20	50	80
Pfälzer Saumagen	10	16	6	1	895	213	20	1,9	4	0,29	0,15	5	66	80
Rostbratwurst	30	13	+	0	1015	242	26	2,6	4	0,11	0,21	20	55	100
Salami	17	47	+	0	2120	505	35	2,7	6	0,18	0,20	20	34	10
Schinken, gekocht	19	20	+	0	1105	263	12	2,4	27	0,58	0,20	0	59	50
Schinken, roh	16	29	+	0	1405	335	10	2,0	0	0,50	0,21	0	53	50
Speck, durchwachsen	9	65	+	0	2690	640	5	0,6	0	0,48	0,18	0	24	35
Speck, fett	2	80	+	0	3155	751	10	0,8	0	0,40	0,14	0	16	35
Sülzwurst	23	23	+	0	1290	307	12	2,0	438	0,10	0,18	10	52	25
Teewurst	16	33	+	0	1560	371	17	1,6	6	0,63	0,17	20	49	20
Wiener Würstchen	15	21	+	0	1075	256	15	1,4	3	0,34	1,20	20	62	80
Speisefette, Öle														EL
Butter	1	83	0	0	3100	754	13	0,2	590	0,01	0,02	0	14	10
Butterschmalz	0	100	0	0	3685	897	6	0	850	0	0	0	0	10
Erdnussöl	0	100	0	0	3700	900	0	0,1	0	0	0	0	0	10
Gänseschmalz	0	100	0	0	3700	900	1	0	0	0	0	0	0	10
Halbfettbutter	3	40	0	0	1610	383	20	0,1	380	0,01	0,02	0	55	10
Halbfettmargarine	6	40	0	0	1495	364	12	0	500	0	0	0	52	10
Kokosfett	1	100	0	0	3700	900	2	0,1	1	0	0	0	0	10
Kräuterbutter	1	73	1	+	2880	686	15	0,1	580	0,01	0,02	0	23	10
Maiskeimöl	0	100	0	0	3700	900	0	1,3	23	0	0	0	0	10
Margarine	1	80	0	0	2970	722	10	0,1	500	0	0	0	17	10
Mayonnaise, 80 % Fett	2	80	3	0	3080	733	18	1,0	60	0,04	0,04	0	13	12
Olivenöl	0	100	0	0	3700	900	0	0,4	120	0	0	0	0	10
Rapsöl	0	100	0	0	3700	900	0	0	0	0	0	0	0	10
Remoulade	1	50	9	0	2120	505	25	0,9	50	0,04	0,05	10	38	12
Rindertalg	1	97	0	0	3680	895	3	0,3	280	0	0	0	1	10
Saflor-, Distelöl	0	100	0	0	3700	900	0	0	5	0	0	0	0	10
Salatmayonnaise	1	52	5	0	2130	507	14	0,4	50	0,01	0,02	0	40	12
Salatsoße, französisch	2	32	12	0	2120	505	30	0,5	25	0	0,01	0	54	10
Salatsoße, Joghurt	2	16	11	0	845	201	122	0,5	40	0,05	0,17	8	69	10
Schweineschmalz	+	100	0	0	3700	900	1	0	0	0	0	0	0	10
Sojaöl	0	100	0	0	3700	900	0	0	583	0	0	0	0	10
Sonnenblumenöl	0	100	0	0	3700	900	0	0	4	0	0	0	0	10
Thousand Island	2	26	14	0	1285	306	45	0,4	1	0,04	0,10	13	56	10
Weizenkeimöl	0	100	0	0	3700	900	0	0	0	0	0	0	0	10
Sonstige Lebensmittel														
Bienenhonig	+	+	81	0	1375	327	5	1,3	1	0,01	0,01	5	17	EL 10
Eiscreme	4	12	21	0	895	213	160	0,1	40	0,04	0,04	1	61	30
Fruchteis	2	2	29	1	605	144	45	0,4	10	0,02	0,02	14	64	30
Fruchtbonbons	0	0	100	0	1700	405	0	0	0	0	0	0	0	5
Fruchtgummi	10	0	80	0	1530	364	2	0,1	0	0	0	0	8	5
Gelee	0	0	65	0	1105	263	10	1,0	0	0,01	0,01	5	33	EL 10
Kakaogetränkpulver, löslich	5	2	81	6	1540	367	33	2,4	0	3,00	4,50	0	4	EL 5
Kakaopulver	20	25	38	12	1960	467	115	11,5	8	0,10	0,10	0	3	EL 5
Kakaopulver, fettarm	24	12	17	6	1165	277	190	12,0	1	0,40	0,40	0	39	EL 5
Kandiszucker	0	0	99	0	1685	401	1	0,2	0	0	0	0	0	5
Kaugummi	0	0	79	0	1345	320	10	0,5	0	0	0	0	2	5
Kinderschokolade	11	31	52	0	2280	543	300	2,1	72	0,13	0,50	1	4	5
Konfitüre	+	0	66	1	1120	267	20	0,5	10	0,01	0,01	5	32	EL 10
Lakritzen	+	+	60	0	1020	243	0	0	0	0	0	0	20	5
Marzipan	8	25	57	3	2080	495	45	0,9	0	0,10	0,45	2	12	50
Milchkaramellen	3	5	84	0	1675	399	15	2,0	0	0,04	0,03	0	6	5
Vollmilchschokolade	9	32	54	0	2320	552	215	2,3	50	0,11	0,37	0	3	5
–, mit Nuss	10	36	48	4	2390	569	240	3,0	45	0,15	0,37	0	4	5
Müsliriegel	8	19	48	5	1695	404	85	2,7	25	0,27	0,14	3	18	30
Mohrenkopf	+	11	74	0	1685	401	45	0,2	2	0,02	0,04	0	13	20
Nugat	5	24	66	1	2145	511	75	3,0	0	0,12	0,06	0	3	50
Nuss-Nugat-Creme	5	35	50	1	2300	548	130	3,0	30	0,12	0,20	1	8	EL 10
Puddingpulver	1	1	92	0	1620	386	15	1,4	0	0	0	0	4	30
Vanillezucker	+	0	97	0	1650	393	0	0,2	0	0	0	0	12	10
Tortengusspulver	+	+	86	0	1460	348	2	0,5	0	0,01	0,01	0	2	20
Weiße Schokolade	8	31	58	0	2330	555	270	0,2	4	0,08	0,49	0	2	5
Zartbitterschokolade	9	34	39	0	2140	510	45	3,6	0	0,04	0,10	0	16	5
–, mit Nuss	10	40	36	8	2340	557	80	3,6	0	0,11	0,12	0	12	5
Zucker	0	0	100	0	1700	405	1	0,3	0	0	0	0	0	5
Alkoholische Getränke														
Apfelwein	+	0	3	0	190	45	8	0,5	0	0	0	0	90	125
Liköre (30 %)	+	+	30	0	700	167	2	0	0	0	0	0	60	20
Malzbier	1	0	11	0	200	48	2	0,2	0	0	0,03	0	80	330
Rotwein	+	0	3	0	280	67	7	0,9	0	0	0,01	2	90	125
Sekt	+	0	4	0	350	83	3	0,5	0	0	0,01	0	93	100
Vollbier	1	0	3	0	200	48	3	0	0	0	0,03	0	90	330
Weißwein	+	0	3	0	290	69	10	0,6	0	0	0,01	0	90	125
Weinbrand	0	0	2	0	1020	243	2	0	0	0	0	0	66	20
Wermut, süß	+	0	1	0	415	99	9	0,1	0	0	0,01	0	88	50

Rezeptverzeichnis

Sachwortverzeichnis

Lösungen

S. 20, Ökologie:

① belastend, langer Transportweg ② belastend, Einwegflasche ③ belastend, überflüssige Pappbanderole ④ umweltfreundlich, kurzer Transportweg ⑤ belastend, Folienverpackung ⑥ umweltfreundlich, kurzer Transportweg ⑦ umweltfreundlich, artgerechte Tierhaltung ⑧ umweltfreundlich, Selberpflücken ⑨ belastend, langer Transportweg ⑩ belastend, langer Transportweg ⑪ umweltfreundlich, Mehrwegflasche ⑫ umweltfreundlich, wiederverwendbare Verpackung

S. 54, fettreiche Pflanzen bzw. Pflanzenteile

① Ölpalme, ② Sojabohne, ③ Erdnusspflanze, ④ Sonnenblume, ⑤ Oliven, ⑥ Kokospalme, ⑦ Raps, ⑧ Kürbis

Bezugsquelle für Teststäbchen:

Macherey-Nagel GmbH & Co. KG, Postfach 10 13 52, 52313 Düren
Tel. 0 24 21-9 69-0, Fax 0 24 21-9 69-1 99, e-mail: sales@mn-net.com

Bildquellenverzeichnis

A to Z cleaning, www.cleanyou.com, USA: S. 7/4 – AEG Hausgeräte GmbH, Nürnberg: S. 7/6 – aid, infodienst Verbraucherschutz - Ernährung – Landwirtschaft e. V., Bonn: S. 27/2 – Arbeitskreis Iodmangel, praxis press, Groß-Gerau: S. 63/2 – Udo Bär GmbH & Co. KG, Duisburg: S. 23 – Biokreis e. V., Passau: S. 31/10 – Bioland e. V., Mainz: S. 31/9 – Bundesministerium für Ernährung, Landwirtschaft und Verbraucherschutz, Berlin: S. 31/6 – Bundesministerium für Soziales und Konsumentenschutz, Wien: S. 7/3 – Bundesverband der deutschen Gas- und Wasserwirtschaft e. V. – BGW, Berlin: S. 13/1 – BURGER KING Press Office, München: S. 109/5 – Walter Cimbal, Hamburg: S. 58/2, 3; 66/1; 100; 101; 102; 103; 105; 106/3, 4; 108/1; 113/1; 131/2; 133/1; 137/2 – Demeter Bund e. V., Darmstadt: S. 31/8 – Harald Dettmer, Kochen als Beruf (HT 4966), Hamburg: S. 128/1; 131/1; 133/8; 140/1 – Deutscher Fachverlag GmbH, Frankfurt/Main (Foto: Siemens AG): S. 74 – Duni GmbH & Co. KG, Bramsche: S. 118/3 – dpa Picture-Alliance GmbH, Frankfurt: S. 7/2; 109/2–4; 116/1; 117/3; 120 – Birgit Ehmsen Kiel: S. 21; 25/3; 43/2; 47/1; 60; 62; 63/1; 68; 70; 71; 72/1; 77/2; 80/2 – B. Franck, www.culinaryline.com, Nussdorf: S. 123/2; 136/8; 138/3; 143/1 – Elisabeth Galas, Köln: S. 37; 122/1–4; 123/2, 3; 124/2–7; 125; 126; 127; 128; 129; 130; 132; 133/2–7; 134/2–8; 135/2–7; 136/1–7; 139; 140/2, 3; 142; 143/2–9; 144; 145/2–10; 146/2–11; 147/2, 3 – Claude-Bernard Gay, Hamburg: S. 3; 7; 9; 10; 18; 19; 25/2; 28; 36; 39/6–7; 40; 56/3; 61/1; 66/2; 75/1; 78; 80/1; 82; 88/1; 89; 91; 110; 121; 145/1 – Getty Images Deutschland GmbH, München: S. 76; 107 – Ralph Gieseking, Hamburg: S. 39/1–5; 122/5; 141/1, 3 – Globus Infografik GmbH, Hamburg: 27/1 – Hotel Wittelsbach, Ruhpolding, http://www.wittelsbach.eu/: S. 116/2 – IFOAM, Tholey-Theley: S. 31/7 – Institut für wissenschaftliche Fotografie, Manfred Kage, Lauterstein: S. 48/3; 61/2; 65/2 – Werner Krüper, Bielefeld: S. 86/2 – Küche Journal 2002, Nolte Küchen, Löhne: S. 34/2 – Küppersbusch Hausgeräte AG, Gelsenkirchen: S. 33 – Landvogt Backspezialitäten GmbH, München – Obermenzing: S. 118/4 – Norbert Latz u. a., Fleischerei heute (HT 1400), Hamburg: S. 51/2, 3 (Rudi Schmid) – Gerhard Laußer, Michelsneukirchen, www.webdesign-fotografie-werbung.de: S. 109/1 – Margarine-Institut für gesunde Ernährung, Abt. Forschung und Information, Hamburg: S. 53/1; 54/1–4, 6–8 – Dieter, P. Mertz, Gicht, Thieme-Verlag, Stuttgart: S. 59 – Naturlandzeichen GmbH, Gräfelfing: S. 31/11 – Annika Neese, Hamburg: S. 109/6 – newVISION!grafikdesign, Pattensen, www.newVISION-design.de: S. 12; 13/2–5; 14; 15; 16; 17/2; 20; 22/1; 26; 29/2–3; 30; 35; 44/2; 45; 46/2, 3; 48/1, 2; 49/2, 3; 50/2; 52/2; 56/1, 2; 64; 65/1; 72/2; 83; 84/2; 85/1, 4; 95; 96; 97; 98; 99; 104/1–9; 113/2–4; 114 – Porzellanfabriken Christian Seltmann GmbH, Weiden i. d. Pof.: S. 112/6 a – Reimann, Hamburg: S. 117/2; 118/1 – Sabine Rieck, Hamburg: S. 57 – Robert Bosch Hausgeräte GmbH, Gerlingen-Schillerhöhe: S. 34/1 – Cornelia A. Schlieper, Kiel: S. 112/5, 8 – Cornelia A. Schlieper, Arbeitsbuch Hauswirtschaft (HT 7434), Hamburg: S. 94 – Ralf Schröder, Kiel: S. 17/1; 24; 25/1; 32; 41; 42; 43/1, 3; 47/2, 3; 50/1; 51/1; 84/1; 87/2; 137/1; 141/2 – Yvonne Schuster, Haushalt und Ernährung (HT 7428), Hamburg: S. 119/1; 138/1, 2 – Yvonne Schuster, Rosenheim: S. 117/3 – Siemens-Electrogeräte GmbH, München: S. 104/10 – Aus: Maureen Stewart, Essen? Nein, danke! © 1996 Maureen Stewart München, Wien Umschlagillustration: Elisabeth Hau © 1998, 2003 by Ravensburger Buchverlag Otto Maier GmbH, Ravensburg: S. 79 – Stock Food GmbH, München: S. 131/3 – Transglobe, Hamburg: S. 46/1, 4 (Foto: Rudhart) – Werner Turtschi, Hondrich/Schweiz: S. 88/2 – TÜV SÜD Product Service GmbH, München: S. 31/1 – Unilever Deutschland GmbH, Hamburg: S. 90/2; 106/1, 2; 119/2; 124/1; 135/1; 136/1; 146/1 – Verlag Handwerk und Technik GmbH, Hamburg: S. 7/1 (People Collection); 22/2; 29/4–7; 52/1; 53/2; 58/1; 73; 75/2; 85/2, 3; 86/1, 3; 87/1, 3; 116/3; 144/1 (Photo Objects) – VDE, Offenbach: S. 31/3 – Vorwerk Deutschland, Raumpflege, Hamburg: S. 11 – Villeroy & Boch, Mettlach: S. 112/6 b, 7 – http://www.kilimanjaro2006.com/blogpics/where-is-kilimanjaro/DSC00116.JPG: S. 7/5 – www.marions-kochbuch.de: S. 108/2 – www.pixelio.de: S. 54/5; 117/1; 119/3 – Wirths Public Relations GmbH, Fischach: S. 123/1; 134/1 – WMF Württembergische Metallwarenfabrik AG, Geislingen/Steige: S. 112/1–4 – Zabert Sandmann Verlag, Taufkirchen: S. 49/1